NETWORKING

MICHAEL DULWORTH

NETWORKING

SAIBA COMO CONSTRUIR AS MELHORES
REDES DE RELACIONAMENTO
PESSOAL E PROFISSIONAL

Tradução Emanuel Mendes Rodrigues

LAROUSSE

Título original em inglês: *The connect effect*

Edição brasileira
Gerente editorial **Solange Monaco**
Editor **Isney Savoy**
Preparação de texto **Valentina Nunes**
Revisão **Cláudia Levy e Denise Alexandrini**
Capa **Ian Shimkoviak**
Desenho interior e composição **Beverly Butterfield, Girl of the WesT Productions**
Adaptação de capa e diagramação **Renné Ramos**
Produção gráfica **Marcelo Almeida**

Dados Internacionais de Catalogação na Publicação (CIP)
(Câmara Brasileira do Livro, SP, Brasil)

Dulworth, Michael
Networking: saiba como construir as melhores redes de relacionamento pessoal e profissional / Michael Dulworth; tradução Emanuel Mendes Rodrigues. -- São Paulo: Larousse do Brasil, 2008.

Título original: The connect effect
ISBN 978-85-7635-332-4

1. Carreira profissional - Desenvolvimento 2. Comunicação em organização 3. Rede de relações sociais 4. Redes de informação 5. Sucesso nos negócios I. Título.

08-04525 DD-650.13

Índices para catálogo sistemático:
1. Relações interpessoais: Comunicação : Sucesso em negócios 650.13
2. Sucesso pessoal: Relacionamento em negócios 650.13

1ª edição brasileira: 2008
Direitos de edição em língua portuguesa, para o Brasil, adquiridos por Larousse do Brasil Participações Ltda.
Av. Profa. Ida Kolb, 551 – 3º andar – São Paulo, SP – CEP 02518-000
Telefone (11) 3855-2290 – Fax (11) 3855-2280
E-mail info@larousse.com.br
www.larousse.com.br

Para meus pais, os primeiros membros de minha conexão

SUMÁRIO

SUMÁRIO

PREFÁCIO

Conexões podem mudar o mundo;
todo nó é importante.

ANÔNIMO

Todo mundo sabe o que é uma rede de conexões. As pessoas se relacionam na hora do almoço, numa conferência, ao trocar cartões, contando uns aos outros sobre seus empregos. Mas uma rede dessas pode ser muito mais do que isso. Quando efetivos, os relacionamentos significam mais do que a troca sistemática de cartões de apresentação, mais do que o tamanho de um relógio importado ou os números guardados no celular: pode ser um modo de vida, se você quiser levá-lo adiante.

A rede de conexões fala sobre como você enxerga a si mesmo e como se conecta com o mundo a seu redor. Quando você faz dos relacionamentos uma prioridade, pode colocar o que chamamos de "Efeito *Networking*" para trabalhar a seu favor.

Eu defino o "Efeito *Networking*" como o resultado positivo do investimento em sua rede de relacionamentos. Os benefícios de seu "Efeito *Networking*" são muitos e variados. À medida que você se conecta pessoalmente com mais e mais pessoas escolhidas a dedo, aumenta sua probabilidade em avançar na carreira, melhorar sua vida pessoal e conquistar coisas que julgava impossíveis de alcançar.

Neste livro, mostrarei os múltiplos benefícios das redes de relacionamento sólidas e dinâmicas, além das melhores maneiras para aprimorá-las.

Redes de relacionamento sólidas envolvem mais do que alargar o círculo de pessoas que você conhece. Elas favorecem aprendizados profundos e garantem disponibilidade para uma variedade de assuntos. Uma rede de relacionamentos eficaz pode fazer de você uma pessoa reconhecível e enraizada, como também um aluno ágil e um colaborador melhor. Quando você se torna um *networker* bastante habilidoso, pode traçar desafios e fazer o melhor em relação às oportunidades que surgirem.

Conexões não dizem respeito a apenas avançar, mas podem lhe ajudar a fazer a diferença em assuntos pelos quais você se interessa. Conexões podem até mesmo mudar o mundo. Pense em como certas conexões estão produzindo impacto.

- O sistema operacional Linux, por exemplo, foi amplamente desenvolvido em uma base voluntária por usuários de redes e desenvolvedores; ele é usado hoje em dia no mundo inteiro em computadores pessoais, servidores e até mesmo em supercomputadores.
- O programa Procter & Gamble's Connect, outro exemplo, usa uma rede de conexões aberta, da qual participam milhares de cientistas, cujo objetivo é resolver problemas que a P&G precisa superar. O objetivo é olhar para fora das paredes da empresa, a fim de encontrar novos produtos, tecnologias, embalagens, processos e modelos de negócio. A P&G é também membro da rede InnoCentive, onde "procuradores" postam seus desafios nesse site restrito. Mais de dezoito mil cientistas-líderes e pesquisadores de 125 países do mundo podem entregar soluções para desafios científicos e receber um prêmio em dinheiro ao apresentar as melhores soluções.
- Há ainda o exemplo do fundador do banco Grameen, Muhammad Yunus, que formou uma cooperativa para fornecer microempréstimos a "grupos solidários" de mulheres pobres em Bangladesh, na Índia, ganhando, por isso, em 2006, o prêmio Nobel da Paz, pelos "esforços para se criar um desenvolvimento econômico e social começando por baixo".

Todas essas iniciativas são conexões. Pessoas encontram pessoas; dividem seus interesses, paixões e conhecimento; ajudam-se; formam relações fortes e associações duradouras que freqüentemente resultam em grandes realizações. É assim que seres humanos trabalham – em nosso íntimo, somos animais sociais.

Mas poucos de nós nascemos conectores bem-sucedidos. Construir uma rede de relacionamentos é uma habilidade raramente ensinada. Para acelerar seu crescimento pessoal e profissional, você precisa fazer do desenvolvimento ativo de suas relações uma prioridade.

Eu escrevi este livro para lhe proporcionar uma visão simples sobre as redes de contatos (as pessoas certas, as conversações certas, a hora certa), e uma gama de ferramentas para desenvolver conexões pessoais, profissionais e *online*.

Networking fala sobre a influência e o poder das redes de relacionamento para se alcançar o sucesso – sucesso na vida pessoal, na carreira e numa miríade de contextos sociais, alargando o mundo.

Muito do sucesso que eu consegui na vida como empreendedor, autor de livros, dono de negócio próprio e muito mais, devo à minha rede de relacionamentos.

Ao escrever este livro, acabei por entrar em contato com mais de 30 pessoas de todas as áreas. Pesquisei junto a *experts* em contatos (pessoas que os estudam) e *networkers* especializados (pessoas que conquistaram relações e conexões extraordinários). Ao ler este livro, você vai encontrar e conhecer muitos membros da minha própria rede de relacionamentos.

Networking é para todos aqueles que desejam ter uma vida mais recompensadora – pessoal e profissionalmente –, não importa qual o foco de sua atenção ou quais objetivos deseja alcançar, de empregado assalariado a executivo *senior*, de empreendedor no início de carreira a homem de negócio bem-sucedido.

O livro é dividido em duas partes. A primeira oferece guias sobre como tornar-se um conector mais eficiente. Você pode fazer coisas simples que irão ajudá-lo a dar um pontapé inicial em suas habilidades para relacionamentos – e se você quiser se envolver ainda mais com essas redes, vai aprender como elas podem mudar sua vida. Já a segunda parte revela como aproveitar o poder dos diferentes tipos de redes de contato.

Networking é algo que praticamos todos os dias, embora não seja assim que nomeamos essas ações. Um dos propósitos deste livro é ajudar você a ver que já possui uma rede de conexões pessoal e já está aproveitando o efeito dela. Uma vez que você está consciente disso, poderá empregar as habilidades aqui descritas em seu próprio benefício – e, talvez, até para mudar o mundo, ou seja, também em benefício dos outros.

INTRODUÇÃO

O poder do *networking*

A primeira vez que senti o poder do "Efeito *Networking*" foi quando tentava entrar na universidade. Eu não fui um bom aluno no colegial e isso se refletia em minhas notas. Foi quando decidi pedir ajuda ao meu tio Dick. Ele tinha freqüentado a Universidade de Michigan e ainda morava próximo à escola, em Ann Arbor. Ele e tia Anita conheciam muitos professores e administradores da universidade. Por causa de suas conexões, consegui uma entrevista no escritório de admissão e entrei para o curso de verão.

O responsável pela admissão do escritório não estava interessado nas minhas notas, mas fez um acordo comigo: se eu provasse, durante o curso de verão, que era um aluno responsável, a universidade me admitiria no outono, como calouro. Eu fiz o que ele me pediu e consegui.

Os benefícios do "Efeito *Networking*" podem ser bem variados. Considere os comentários a seguir, de pessoas que entrevistei (através de contatos) durante a pesquisa para este livro:

- "Não posso imaginar o que conquistei na vida pessoal e em minha carreira sem uma rede de relacionamentos: é a moeda que faz as coisas acontecerem";
- "Relacionamentos me impulsionam para todas as direções, levando-me a lugares certos, nas horas certas, com as pessoas certas";
- "Relacionamentos são o meio pelo qual consegui todos os meus empregos em minha vida adulta";
- "É preciso uma rede de relacionamentos para realizar sonhos".

Pense sobre essas frases por um momento. Relacionamentos podem mudar sua vida e ajudar a realizar seus sonhos. Quem não iria querer se relacionar e conseguir o poder do "Efeito *Networking*"?

À medida que sua rede de amigos e associados cresce e melhora, o "Efeito de Conexão" aumenta rapidamente. Na verdade, o "Efeito *Networking*" é exponencial por natureza, não-linear, porque cada nova conexão traz a você sua própria rede de contatos. O "Efeito *Networking*" prova que 1 + 1 = 4 (ou mais)!

Ao longo deste livro, vou apresentar histórias pessoais, esquemas, ferramentas e fontes para ajudar você a se tornar um conector, para que você possa ser mais feliz e mais bem-sucedido. Trago para cá toda minha experiência com a construção, o cuidado e a influência das minhas próprias conexões pessoais, assim como meus 25 anos de experiência em ajudar as pessoas a desenvolverem suas próprias redes.

Hoje, sou o CEO de uma empresa de relacionamentos. De muitas maneiras, relacionamento é minha vida, e eu abraço seu potencial tanto profissional quanto pessoalmente. Começaremos olhando alguns dos muitos "Efeitos *Networking*".

Usos da rede de relacionamentos

Vamos dar uma olhada cuidadosa na maneira como as redes de relacionamentos podem ser usadas para se obter sucesso profissional e pessoal – para realizar sonhos.

Em minha própria vida e em discussões com outras pessoas, tenho identificado um número de áreas críticas nas quais as redes de relacionamento podem melhorar nossas vidas:

- Satisfação pessoal
- Guia de carreira
- Abertura de portas
- Solução de problemas e retorno (*feedback*)
- Aprendizado e habilidade
- Mudança do mundo

Eu experimentei o "Efeito *Networking*" em cada uma dessas redes de relacionamentos. Minhas pesquisas e conversas com outras pessoas mostram exatamente quão poderosas as redes de relacionamentos são em cada uma dessas áreas. Vamos dar uma olhada.

Satisfação pessoal

No nível mais básico, uma rede de relacionamentos pode trazer profunda satisfação pessoal. Nós somos, afinal, animais sociais. Fazer amigos, ajudar os outros, colaborar com um projeto emocionante são todas experiências muito satisfatórias que podem alimentar sua alma, exatamente como Nisha Advani, diretora de desenvolvimento executivo da Genentech, disse-me. Nascida e criada na Índia, viveu em três continentes e agora se preocupa em usar princípios científicos para melhorar a liderança organizacional na Genentech. "Eu gosto da idéia de ter uma ampla gama de relacionamentos que me trazem idéias muito boas, tanto pessoal, em meu círculo social e familiar, quanto profissionalmente. Estimulam meus pensamentos e me trazem diferentes possibilidades", ela diz.

> A pessoa que melhor incorpora a satisfação pessoal inerente à minha rede de relacionamentos é tia Norma. Aos 89 anos de idade, ela faz novos amigos a cada vez que sai de casa, apenas pelo prazer que isso lhe proporciona. Minha prima Kristan descreveu o café da manhã em um café local com tia Norma (a avó de Kristan): "Ela cumprimentou todo mundo que passava por nós, e, enquanto esperávamos por uma mesa, iniciou uma conversa com uma mãe e sua filha de vinte e poucos anos que de alguma forma parecia preocupada. Vovó conversou com elas como se as conhecesse há muitos anos. Dividiram a tristeza da filha, que, grávida, iria partir com o bebê para a Alemanha no dia seguinte. Vovó ouviu, sorriu, e, num tom de voz muito calmo e positivo, disse para a mãe: 'Bem, você vai ter de se levar para a Alemanha para visitá-las!' Elas todas riram e concordaram. Percebi a mudança em seus rostos à medida que a tristeza desaparecia – era o resultado de um breve encontro com uma mulher que, há quase dez décadas no planeta, nunca saíra da América do Norte".

No aniversário de 88 anos de Norma, ela me contou sobre as numerosas ligações e dos 60 cartões de aniversário que recebera. "E esses são só os amigos que estão vivos", ela disse.

Eu encorajo você a pensar em alguém de sua vida que crie relacionamentos tão cuidadosos e de um modo tão amável e gracioso.

Guia de carreira

Em 1983, eu me formei pela Universidade de Michigan, com um diploma de História. Naquele ponto, mergulhei em minha muito tímida rede de relacionamentos – mais precisamente meu pai e meu tio Jack – para me ajudar a encontrar um emprego.

Meu tio Jack possuía boas conexões em seu trabalho como acionista da Bolsa em Houston, no Texas, e seria capaz de arrumar entrevistas nos escritórios de James Baker III, chefe de grupo da Casa Branca de Reagan, e do senador texano Lloyd Benson. Através de sua própria rede, meu pai arrumou para mim uma entrevista no departamento de trabalho do governo americano. Recebi propostas de trabalho dos três lugares, mas escolhi o emprego no departamento do trabalho porque pagavam mais (10 mil dólares por ano!).

Essa foi minha primeira grande lição do poder do "Efeito *Networking*": três grandes ofertas de emprego para um jovem recém-saído da universidade e todas elas devido à minha "robusta" rede de relacionamentos, na verdade desenvolvida por meu pai e meu tio. É claro que muitas pessoas têm histórias semelhantes. Uma das pessoas que entrevistei para este livro foi Jory Des Jardins, um esperto e bem-humorado empreendedor da internet, escritor e blogueiro. Jory cunhou a frase: "Rede de relacionamentos é a moeda que faz as coisas acontecerem", que eu citei anteriormente. Jory enfatiza que as pessoas que se lançam no mercado hoje precisam de quem interceda por elas a fim de entrarem no competitivo mercado de trabalho: "Depois de me formar na faculdade, enviei currículos para empregos, fiz o que todo mundo sem contatos faz, e nada acontecia. Esperava que minhas médias fossem suficientes, mas aprendi muito rápido que minhas notas não me ajudariam se eu não tivesse quem intercedesse por mim. Felizmente, o pai de um amigo me auxiliou com um trabalho numa editora, e eu consegui meu primeiro emprego".

> Eu não sabia ainda, naquela época, mas aquilo era uma rede de relacionamentos. Dali, tudo o que eu obtive, de empregos a casamento, foi através de relacionamentos. Ainda assim, acho que não compreendi o impacto poderoso que as relações tiveram para fazer as coisas acontecerem até eu co-fundar a BlogHer. Conheci meus sócios através de relacionamentos, em seguida arranjamos uma rede de influentes mulheres blogueiras para nos ajudar a fundar a primeira conferência em quatro meses. Nunca teríamos sido capazes de entrar em pequenas comunidades de *blogs* nem conseguir o boca-a-boca a respeito de nosso evento – que esgotou os ingressos – e tão rapidamente sem termos exatamente uma rede de relacionamentos. O processo inteiro de se construir uma comunidade, e mais tarde uma companhia, resultou em poucas pessoas-chave, que, em resposta, abordaram suas respectivas comunidades, ligadas a outras milhares em seus *blogs*.

Muitas pessoas apreciam o modo como a rede de relacionamentos pode ajudá-las a encontrar e se estabelecer em empregos. Mas muitas não compreendem que *é a coisa mais importante* que você pode fazer ao procurar trabalho.

Abertura de portas

A "abertura de portas" diz respeito às apresentações que as pessoas, em sua rede de relacionamentos, podem estabelecer para você, estando no mercado de trabalho ou não. Relacionamentos abrem portas para você, portas que outrora estariam fechadas; elas dão acesso às pessoas.

Para ilustrar o poder que uma rede de relacionamentos tem para abrir portas, deixe-me descrever como eu consegui publicar um livro pela John Wiley & Sons. Hoje é muito difícil um autor novato conseguir ter sua obra publicada, a menos que seja um especialista reconhecido em sua área de atuação. Mas minha rede de relacionamentos interferiu nesse sentido.

Eu reformava casas, como um *hobby*, desde meus 30 anos. Reformei um condomínio em Washington, D.C., uma fazenda histórica em West Virginia, e, com minha esposa, uma casa em Sonoma, na Califórnia. Enquanto reformava a casa em Sonoma, tive a idéia de escrever um livro sobre como a estratégia e a execução de reformas de casas, ajudam a construir riqueza pessoal. É que eu realmente ganhara bastante dinheiro em minhas duas primeiras reformas. Assim, juntei uma página com um rascunho do livro e a enviei por *e-mail* a um contato que tinha na Wiley, Larry Alexander. (Eu havia encontrado Larry antes, quando ele estava com Jossey-Bas Publishers, através de uma velha conexão da Universidade de Michigan, Dan Denison, que eu conheci quando ele ainda era professor por lá. Dan estava trabalhando com um outro professor na universidade, Robert Quinn, que havia publicado uma série de livros pela Jossey-Bass).

No dia seguinte, Larry me pôs em contato com o presidente do grupo de publicações, e, em duas semanas, assinei um contrato e recebi um adiantamento para escrever o livro, que fiz com minha mulher.

John Foster, chefe de gerenciamento de talentos e desenvolvimento organizacional no IDEO, uma conhecida companhia de *design*. Ele era "o estereótipo vivo" do conector de relacionamentos. Disse-me que sua rede abriu todo tipo de portas para ele, e me deu um exemplo: "Recentemente, envolvi-me numa mesa redonda corporativa financiada pela Universidade de Harvard. Através de minha participação, consegui muitas referências e excelentes relações. Consegui até mesmo o convite para ser conselheiro do quadro de funcionários de uma faculdade".

Joanne Black, autor de livros, falou sob uma perspectiva diferente a respeito do valor das apresentações e das referências fornecidas por pessoas de sua rede de relacionamentos. "Quando você é apresentado por um conhecido mútuo", ele disse, "não apenas a porta se abre, mas as coisas são diferentes quando você as cruza. Quando conseguimos uma referência qualificada, que significa que alguém quer falar conosco, já estamos pré-vendidos. Temos uma conversa totalmente diferente. Temos credibilidade. Ganhamos confiança".

A habilidade para usar as redes de relacionamentos a fim de abrir portas, conseguir ser apresentado às pessoas e ter acesso a elas é importante para qualquer coisa que se queira fazer no âmbito pessoal e profissional.

Solução de problemas

Relacionamentos são uma poderosa fonte para a resolução de problemas: é para eles que as pessoas naturalmente se viram quando precisam de ajuda. Recentemente, um contato de negócios me ligou dizendo que sua filha tinha se machucado seriamente enquanto navegava e precisava da ajuda de um especialista em São Francisco. Ela tinha acabado de se mudar para a região e não sabia a quem recorrer. Um de meus funcionários havia se machucado seriamente no esqui há pouco tempo, então liguei pedindo auxílio. Ele me deu o nome do melhor cirurgião-ortopedista na Bay Area, e, no dia seguinte, a moça já tinha agendado uma consulta, tendo sido atendida com o maior cuidado.

Um outro colega me disse que estava tendo problemas ao encontrar uma editora para publicar um livro que ele e seu sócio escreviam. Enviei um *e-mail* de apresentação para Cedric Crocker, na Jossey-Bass Publishers, e, em alguns meses, meu colega obteve o contato necessário.

Rob Cross, que nós vamos visitar diversas vezes ao longo deste livro, diz que as pessoas freqüentemente não percebem como *top performers* resolvem problemas. Rob é professor na Universidade da Virgínia e co-autor de livros. Ele também é o fundador da Network Roundtable, um grupo de 40 organizações que pesquisa redes de contatos e aplica técnicas de relacionamento em assuntos de negócio críticos. Ele generosamente ofereceu seu tempo para me falar de suas pesquisas.

"Interessei-me por redes de relacionamentos há cerca de dez anos atrás, quando estava trabalhando para Arthur Anderson", Rob me disse. "Naquela época, eu estava realmente focado em melhorar a produtividade de conhecimento dos trabalhadores".

"Conhecimento dos trabalhadores" é um termo popularizado pelo guru Peter Drucker, e se refere às pessoas cujos empregos envolvem muita criatividade, gerenciamento ou disseminação de informação. Rob me contou que, quando ele olhou pela primeira vez como melhorar a produtividade do conhecimento dos trabalhadores, todo mundo na época tratava do tema como se fosse algo relacionado à base de dados de computadores. "Ainda assim, quando perguntava às pessoas sobre como resolviam seus problemas, ninguém nunca disse 'eu mergulho no conhecimento depositado na base de dados'. Em vez disso, procuraram suas redes de relacionamentos quando tinham um novo cliente, um novo projeto, ou algum tipo de problema que tentavam resolver. Eles falavam: 'Pegamos o telefone, andamos pelo corredor e trabalhamos em cima de nossa rede de contatos, para obter informações, fontes ou aprovações ou qualquer outra coisa para conseguir fazer algo'".

Quando você possui uma rede inteligente de relacionamentos, com experiência e com pessoas rápidas e eficientes, você na verdade tem uma estrutura de "consultores" a quem recorrer para ajudá-lo a lidar com assuntos pessoais e profissionais difíceis. São pessoas que encontraram as mesmas dificuldades, oportunidades, problemas e desafios. Existe um conforto significativo em saber que você tem um grupo de colegas confiáveis a quem pode ligar a qualquer hora em busca de ajuda, conselho e apoio.

Dois tipos de redes de relacionamentos são especialmente eficientes para a solução de problemas: conexões entre pares e conexões entre comunidades de prática. Uma conexão de pares engloba pessoas que possuem papéis e responsabilidades semelhantes, que enfrentam problemas semelhantes. Uma comunidade de prática é um grupo de pessoas que se junta para se ajudarem uns aos outros a resolver problemas e desenvolver conhecimento em uma área de interesse comum. Vamos falar disso mais adiante.

Aprendizagem e habilidade

Quando pensamos em aprendizagem, tendemos a nos focar nas fontes óbvias de instrução: cursos, livros, estudos e assim por diante. Em minha experiência particular, dividida com outras pessoas, redes de relacionamentos podem ser ferramentas bem poderosas.

Eu recentemente fiz uma pesquisa no *Google* sobre a frase "rede de relacionamentos de aprendizagem", e obtive mais de um milhão de *links*. A aprendizagem é um "Efeito de Conexão" primário. Converse com pessoas que fazem disso um hábito e você vai escutar o tempo todo o quanto elas aprendem com os outros. Pessoalmente, aprendemos com bons livros, filmes novos e ótimos restaurantes. Profissionalmente, aprendemos sobre novos desenvolvimentos em nossa área de atuação, o que acontece em outros campos, quem está quebrando barreiras, quem pode nos ajudar a aprender novas habilidades, e muito, muito mais.

Bill Morin, fundador e ex-presidente da Drake Beam Morin, a reconhecida firma de gerência de carreira, disse-me que rede de relacionamentos é "a força vital para se aprender sobre onde você deseja ir com sua carreira, aprender a respeito do que você precisa saber sobre sua profissão". Bill entrou para meus relacionamentos através do contatos de meu pai. (Meu pai contratou Bill da universidade e eles se tornaram amigos para sempre).

Aprender a partir de sua rede de relacionamentos pode ser mais poderoso do que outros tipos de aprendizagem, porque você freqüentemente está aprendendo com outras pessoas que "estiveram lá e fizeram acontecer".

> Mudanças no mundo de hoje revelam que as pessoas estão começando a reconhecer que, na verdade, interações em redes de relacionamentos são uma das chaves para a compreensão, não apenas profissional, mas para o público em geral.
>
> Quando você tem um par de rede de relacionamentos, ouve histórias de outras pessoas que estão em situação semelhante, então, há uma identificação, uma imediata valorização do que se escuta, porque você reconhece que essas pessoas enfrentam os mesmos problemas que os seus.

Redes de relacionamentos são arranjadas para o objetivo explícito da aprendizagem. Meu amigo Marshall Goldsmith, líder executivo e autor de *best-seller*, formou, há dez anos, a Rede de Aprendizagem. Ele convidou outros colegas executivos, profissionais de desenvolvimento e especialistas em liderança para se juntar a eles, a fim de dividir experiências e aprender uns com os outros através das reuniões. Ele convidou pessoas como os autores Sally Helgesen e Jim Kouzes. Jim me falou: "Marshall me chamou para juntar-me à rede de relações. Marshall Goldsmith era alguém com quem eu estava trabalhando. Recentemente, fui à décima reunião da Rede de Aprendizagem. É uma reunião muito informal. Há uma agenda, mas quase nunca é seguida. Nós nos encontramos. Dividimos experiências. E todo mundo aprende um com o outro".

Inovação não pode acontecer sem aprendizagem. Caminham de mãos dadas, como disse John Zapolski, sócio no Management Innovation Group. Ex-cineasta e *designer*, que trabalhou no *Wells Fargo* e no *Yahoo!*, John é muito interessado em aprender e inovar. De acordo com John, redes de relacionamentos promovem troca "de fertilização", que é o que a inovação possui em essência.

"Eu acho que inovação acontece, na maior parte das vezes, com pessoas que possuem compreensão de um domínio e a aplicam em um novo domínio separado – talvez pegando um modelo de negócios de um serviço financeiro e aplicando-o à indústria da aviação. Eis aí um bom exemplo de inovação. E isso só acontece quando existem conexões que permitem às pessoas trocarem fertilização como essa".

Ele acrescenta que é importante focar-se para além de sua própria área de atuação: "Indústrias, domínios e funções tendem a ficar muito insulares se deixadas às suas próprias tendências naturais. Procurar ativamente estar em contato com pessoas fora da indústria ou domínio aos quais você pertence é um componente vital para ser capaz de trazer novos pensamentos que definitivamente conduzem à inovação".

Uma vida rica e recompensadora depende de aprendizado; uma rede de relacionamentos é uma ferramenta extremamente útil e importante.

Mudar o mundo

Durante o último ano, no centro de São Francisco, eu notei um número crescente de mulheres de meia-idade na calçada, pedindo esmola. Ao iniciar uma conversa com uma delas, eu vi que ela, e muitas das outras, tinham entre 50 e 65 anos. Mulheres com idade acima dos 65 anos são capazes de usar o pagamento do Seguro Social para conseguir alojamento, mas aquelas, sem o seguro ou outro meio de ajuda, freqüentemente ficavam abandonadas ou sem-teto. Muitas evitam os abrigos porque sofrem abuso dos homens que dividem o mesmo lugar.

No momento, estou engajado no que chamo de "Projeto VeraMax" (assim intitulado a partir dos nomes de minhas duas avós, Vera Dulworth e Maxine Cross).

Por causa de uma pessoa em minha rede de relacionamentos, fui a uma angariação de fundos do partido Democrata, no outono de 2006, onde encontrei o prefeito de São Francisco, Gavin Newsom, que me apresentou ao mais importante administrador de sua gestão para problemas dos sem-teto, Trent Rhorer. Trent organizou uma reunião entre o time que reuni para fazer do projeto VeraMax uma realidade (um advogado, um arquiteto, um psicólogo clínico, um construtor comercial, um *designer* de interiores, entre outros), e os chefes das agências-chave de São Francisco, gente que lida com o problema dos sem-teto.

Estou confiante que, através do "Efeito *Networking*", esse projeto possa definitivamente resultar em um abrigo adequado para aquelas mulheres, proporcionando-lhes a chance de sair das ruas e começar uma nova vida.

Esse exemplo é apenas uma ilustração de como as redes de relacionamentos podem mudar o mundo.

Sucesso mútuo e o "Efeito *Networking*"

É importante enfatizar que os benefícios discutidos aqui precisam ser mútuos. Como um conector habilidoso, sua necessidade é ver que todas as pessoas em sua rede de relacionamentos conseguem sucesso. O antigo provérbio "Você obtém aquilo que dá" é duplamente verdade em redes de relacionamentos.

Da mesma forma que você deve usar essas redes para abrir portas, também deve abri-las aos outros. Da mesma maneira que você se vira para as pessoas em sua rede, a fim de lidar com os problemas que encontra, você deve ter certeza de que é generoso ao ajudar os outros a lidar com os desafios que enfrentam. E, à medida que procura aprender com os outros, deve ajudá-los e compartilhar seus conhecimentos e experiências livremente.

Uma das primeiras chaves para o sucesso é ajudar as pessoas de sua rede de relacionamentos, independentemente de ter ou não o favor retornado. Marshall Goldsmith expressou essa idéia muito claramente quando falou: "Para mim, a chave para a rede de relacionamentos não é o que você possa conseguir – mas, sim, aquilo que você pode dar. Minha filosofia geral é muito simples. Encontre grandes pessoas, dê coisas a elas e trabalhe num relacionamento onde elas tentem a lhe dar tanto quanto você possa dar a elas".

Todo mundo com quem conversei para escrever este livro concorda com essa filosofia. Prontamente, todos concordaram em passar um tempo comigo para dividir seus pensamentos, conhecimentos e experiências. Essas pessoas estavam interessadas em repassar tudo também para você, leitor deste livro. A ajuda que eles puderem dar não é algo do qual se espera retorno. Assim pensam e agem as pessoas que constroem redes de relacionamentos.

Quanto mais boa-vontade você espalhar em seus relacionamentos, mais poderosa sua rede será. E quanto mais poderosa ela for, maior e mais profundo é o impacto que isso terá em sua vida profissional e pessoal.

PRIMEIRA PARTE

Para se tornar um eficiente *networker*

1

O "Quociente de Conexão"

Cada vez mais pessoas despertam para a importância das redes de relacionamentos pessoal e profissional, hoje um fator essencial para o próprio êxito. Basta analisar, para isso, a popularidade de *sites* de relacionamento como o *Orkut* e o *MySpace*, para citar dois exemplos. Uma forte rede de relacionamento pode ajudar você a empreender rápidas mudanças em sua vida, assim como ter acesso a informações estratégicas.

Redes de relacionamentos, no entanto, são comuns em nosso dia-a-dia, algo que todo mundo pratica, sem, no entanto, dar-se conta disso ou utilizar este nome – a não ser as pessoas mais bem-sucedidas, que fazem uso delas propositadamente.

O objctivo deste livro é orientar você a fazer o mesmo, a recorrer às suas redes de forma consciente, sistemática e eficiente.

Neste capítulo, você terá a oportunidade de avaliar seu "Quociente de Conexão", ou QC. Ao conhecer sua própria habilidade em desenvolver fortes redes de relacionamento, você compreenderá a força que elas têm, assim como saberá como melhorá-las.

Antes de chegarmos à avaliação de QC, é preciso conhecer minha fórmula para o sucesso:

"QI + QE + QC = Sucesso"

QI é a capacidade que temos para aprender e entender as coisas, podendo ser medido por testes padronizados. QE é uma abreviação para "Quociente Emocional", termo utilizado por Daniel Goleman em seu livro *Inteligência emocional* e que serve para medir a habilidade, a capacidade ou o talento das pessoas para a compreensão de suas próprias emoções, as dos outros e a de grupos.

O QI é uma capacidade comum a todos. Você pode ser bem inteligente, mas provavelmente não possui o QI de Stephen Hawking, o físico teórico. Se não podemos mudar nosso QI, mas queremos ser mais felizes e bem-sucedidos, o que podemos fazer?

Nós possuímos certo controle sobre nosso QE, então ele pode ser algo a que nos apegamos. É uma idéia excelente para todos nós, para melhor compreendermos a nós mesmos e aos outros, a partir do ponto de vista da inteligência emocional.

Mas isso só pode nos fazer avançar pouco. Nós todos parecemos presos a certas maneiras, é improvável que a compreensão pessoal, a psicoterapia e o autodesenvolvimento mudem nossos traços inatos ou nossos comportamentos.

Você provavelmente não ficará surpreso que eu pense que o QC é nosso maior potencial para a mudança. *Nós temos quase 100% de controle sobre nossa habilidade de construir, alimentar e influenciar nossas redes de relacionamentos.* Alguns podem argumentar que ser uma pessoa extrovertida ou introvertida afeta e até determina a pontuação do QC, mas minha experiência me diz que não é o caso. Alguns dos melhores conectores que eu já conheci são introvertidos – e isso inclui a mim.

Para melhorar a equação "QI + QE + QC = Sucesso", o caminho é melhorar nosso próprio QC. Vamos dar uma olhada naquilo que reforça uma rede de relacionamentos.

Uma forte rede de relacionamentos

Alguns anos atrás, Rob Cross escreveu: "O que realmente distingue grandes intérpretes do resto das pessoas é a habilidade que eles têm para manter e influenciar redes de relacionamentos pessoais. Os mais efetivos criam redes enormes, diversificadas, que são ricas em experiência e se espalham por todas as fronteiras organizacionais".

Vamos entender melhor esta frase, já que ela capta as qualidades das redes de relacionamento mais fortes.

Quantidade

Tamanho é importante – você nunca sabe quando uma conexão vai levar a um resultado positivo. Todas as pessoas a quem entrevistei para este livro enfatizaram que redes de relacionamentos maiores são redes melhores. John Zapolski, do Management Innovation Group, disse-me: "Estou procurando expandir minha rede de relacionamentos, especialmente em relação às pessoas que se encontram na periferia dela". Quanto mais pessoas você tem em sua rede, abrem-se mais oportunidades, você adquire mais conhecimento e pode conseguir mais talentos.

Relacionamentos

Redes de relacionamentos são mais do que cartões de apresentação ou endereços de *e-mail*: são construídas, como o próprio nome diz, em cima de relacionamentos. Quando você possui relacionamentos fortes com uma pessoa, ela provavelmente gastará mais tempo com você, compartilhará mais informações, abrirá mais portas para você, entre outras coisas.

Você tem de construir esses relacionamentos e faz isso ao mostrar interesse pelas pessoas. John Foster, do IDEO, disse-me que um fator crítico para se construir uma rede de relacionamentos forte é "ter certeza de que você está trabalhando numa relação recíproca. Você precisa dar volta ao relacionamento de uma maneira inteligente. É preciso haver também troca de valores para que uma rede de relacionamentos valha a pena".

Diversidade

Como Rob Cross indicou, as melhores redes de relacionamentos são diversas e vão além das fronteiras organizacionais. Se todo mundo em sua rede se parece com você, age como você e possui os mesmos interesses, como você vai aprender alguma coisa, descobrir novas oportunidades, ou mover-se para outras direções?

> Vamos ouvir a opinião de John Zapolski mais uma vez: "Eu realmente procuro por novas oportunidades para ir a novos eventos que estão de fato fora dos típicos domínios aos quais geralmente circulo. Por exemplo, conheci uma mulher que trabalha com inovação, mas ela possui uma profunda formação em ciências, então... fiz a ela uma série de questões sobre suas experiências em bioengenharia e genética e aprendi muito. Inevitavelmente, vou descobrir em quais grupos pessoas como ela se encaixam e a quais eventos freqüentam – e talvez eu tente freqüentá-los apenas para encontrar pessoas fora da minha área. Procuro por esses eventos onde eu possa ser direcionado a uma área de interesse maior e mais profunda".

Encontrar pessoas diversas, com interesses diferentes, é a melhor maneira de expandir os próprios horizontes.

Qualidade

Onde a quantidade é importante, a qualidade talvez seja ainda mais. Mas o que "qualidade" significa aqui? Como Rob disse, uma rede de relacionamentos deve ser "rica em experiências". Qualidade refere-se a pessoas que tenham experiência, que possuam relacionamentos fortes, que tenham autoridade, que possam abrir portas e comandar com respeito em suas respectivas áreas. Scott Saslow, diretor-executivo do Instituto de Desenvolvimento Executivo, recentemente me disse: "Atualmente as pessoas estão dando muita atenção ao fator quantidade de suas redes de relacionamentos (tenho oito bilhões de colegas de Linkedln), e só eventualmente o foco se muda para a qualidade". No mundo igualitário de hoje, nós tentamos tratar todos iguais. Mas quando o assunto é rede de relacionamentos, isso faz sentido.

Agora que compreendemos o que faz uma rede de relacionamentos ser forte e vibrante, podemos medir nosso QC.

O que é o QC

Antes de você responder às perguntas a seguir, passe um tempo listando todas as pessoas do universo de sua rede de relacionamentos que se relacionam: à sua rede pessoal, à sua rede profissional, à sua rede virtual. Cada uma interpreta um papel para determinar seu QC.

Sua rede pessoal é feita de membro de sua família, da extensão de sua família, de amigos da escola e seus contatos, de amigos de longa data e assim por diante. É também feita de seus amigos atuais e ativos (pessoas que você encontra ao menos uma vez por mês), e pessoas de sua igreja, seu clube, das atividades que pratica, da vizinhança e da comunidade. Sua rede profissional inclui contatos de empregos antigos, colegas de outras empresas e contatos de sua organização atual.

Sua rede virtual compreende pessoas que você conhece apenas por meio da internet e por outras conexões que não impliquem contato pessoal. Obviamente, essas redes de relacionamentos se prolongam. Você pode ser amigo íntimo de um associado de negócios ou de um membro familiar, pessoas que de repente ajudam você a fazer uma conexão profissional. E cada vez mais e mais conexões *online* estão sendo feitas. Essas redes podem servir como agrupamentos úteis para determinar seu QC.

Dois componentes entram em seu QC: a parte A foca o escopo e a força de sua rede de relacionamentos existentes; já a parte B foca a atividade que você constrói para manter sua rede. Com esses componentes em mente, avalie seu QC ao responder honestamente às seguintes questões, numa escala de 0 a 4:

Parte A: a força e o escopo de sua rede

1. Quantas pessoas existem em sua rede pessoal, profissional e virtual? Coloque-as todas juntas.

   0 = menos de 10
   1 = 11-100
   2 = 101-200
   3 = 201-400
   4 = mais de 400

2. Quão fortes são suas relações com as pessoas em sua rede? As pessoas em sua rede de relacionamentos são apenas *trocadores de cartões pessoais* (você trocou cartões, mas dificilmente se lembra onde e quando), *conhecidos* (elas sabem quem você é e provavelmente vão retornar uma ligação), *contatos pessoais* (elas farão um favor se você pedir) ou *amigos próximos* (você pode contar com eles quando realmente precisa)?

   0 = todos de negócios
   1 = maioria de conhecidos
   2 = muitos contatos pessoais
   3 = uma mistura de contatos pessoais e amigos próximos
   4 = maioria de amigos próximos com poucos contatos pessoais e conhecidos

3. Quão diversa é sua rede? Se todo mundo que você conhece é da mesma idade e do mesmo sexo que você, divide seus conhecimentos culturais e trabalha na mesma área, sua rede não é de maneira alguma diversa. Por outro lado, se sua rede varia de pessoas de oito a oitenta anos, de ambos os sexos, com uma variedade cultural muito grande e com diferentes tipos de atuação, você possui uma rede de relações bastante diversa.

   0 = olhar para minha rede é como olhar no espelho
   1 = minha rede inclui mais pessoas como eu, mas há certa diversidade
   2 = minha rede possui uma boa diversidade
   3 = minha rede inclui pessoas de áreas e conhecimentos variados
   4 = minha rede inclui muitas pessoas das mais variadas áreas e conhecimentos, interesses e campos diversos

4. Qual a qualidade dos contatos de sua rede de relações? As pessoas em sua rede têm experiência com realizações significativas? Elas próprias possuem redes fortes de relacionamento? São conhecidas dentro de uma esfera profissional? Podem abrir portas para você?

0 = gosto delas, mas não são pessoas ágeis ou agitadores de alguma forma

1 = algumas poucas pessoas possuem conexões

2 = algumas pessoas em minha rede de fato comandam

3 = muitas pessoas em minha rede estão no topo de suas áreas e são muito bem conectadas

4 = posso contatar qualquer pessoa no planeta Terra através da minha rede de relacionamentos

Parte B: atividades das redes de relacionamentos

5. Até que ponto você trabalha ativamente para construir sua rede de relacionamentos? Você dá continuidade após um primeiro contato? Você se conecta periodicamente com as pessoas? Você prontamente retorna ligações telefônicas e responde *e-mails*? Você procura se encontrar com elas pessoalmente com certa regularidade?

0 = não tenho tempo para tudo isso

1 = tento fazer contato se tenho tempo

2 = tento entrar em contato, mas às vezes o perco

3 = eu administro meu tempo para fazer contato com as pessoas

4 = faço do contato diário com as pessoas uma prioridade

6. Com que freqüência você recruta novos membros para sua rede de relacionamentos?

0 = nunca

1 = raramente

2 = algumas vezes

3 = freqüentemente

4 = todas as vezes

7. Com que freqüência você ajuda os outros em sua rede de relacionamentos (sendo solicitado ou não)?

   0 = nunca
   1 = raramente
   2 = algumas vezes
   3 = freqüentemente
   4 = todas as vezes

8. Até que ponto você usa a internet para construir e manter relações?

   0 = nunca
   1 = raramente
   2 = algumas vezes
   3 = freqüentemente
   4 = todas as vezes

Some sua pontuação e multiplique o total por 5. Você vai encontrar um QC entre 0 e 160. O quadro seguinte interpreta sua pontuação:

0-80	**Abaixo da Média** Rede de relações não está em sua tela de radar *Você precisa ser muito mais ativo ao estabelecer e manter suas relações.*
81-110	**Na Média** Nada do que se vangloriar *Você pode se beneficiar e ser muito mais ativo.*
111-140	**Acima da Média** Um conector natural *Você está indo bem, mas um esforço mais sistemático pode ajudar muito.*
141-160	**Gênio das Relações!** *Você sabe que não é necessário esforço nenhum para manter sua rede de relações.*

Como você se saiu? Você é um ermitão ou um competidor de primeira classe? Lembre-se: não importa qual foi sua pontuação, você sempre pode melhorar.

Analisando seu QC

Agora vamos analisar os detalhes de suas respostas para a pesquisa de QC. Some suas respostas para a parte A e a parte B separadamente. Já que a parte A avalia a força de sua rede atual, e a parte B, o tempo e o esforço que você investe nela, a pontuação deve ser semelhante.

Se seus resultados são menores do que maiores (você obteve mais pontos em uma parte do que em outra), você deve reservar alguns minutos de seu tempo para descobrir por quê.

Se sua pontuação na parte A indica que você possui uma rede forte e vibrante, enquanto seus pontos na parte B mostram que você não investe muito tempo e esforço nos relacionamentos, sua situação é incomum.

Você obteve algo para nada. Talvez tenha herdado sua rede de relacionamentos e membros da família interessados estão fazendo todo o trabalho para manter você dentro dela. Talvez seu cônjuge ou associado próximo seja um gênio dos relacionamentos, e você só embarcou de carona. Isso pode ser uma situação perigosa, e você pode acordar um dia e descobrir que ninguém mais se importa em retornar suas ligações. Lembre-se, a responsabilidade de construir e manter sua rede de relacionamentos é sua – de ninguém mais.

Numa situação semelhante, se sua pontuação para as partes A e B é diferente, isso significa que os pontos de B são maiores que os de A. Em outras palavras, suas atividades de relacionamento não estão produzindo muito. À medida que você ler este livro, terá muitas oportunidades para considerar o que quer fazer.

Tire um tempo para avaliar sua baixa pontuação em ambas as partes, o que pode indicar onde você deve investir mais esforço. Você pode ter uma rede enorme, com fortes relacionamentos, por exemplo, mas faltam a ela diversidade e qualidade. À medida que trabalha para construir sua rede, você pode endereçar esses assuntos. Ou pode descobrir que raramente dá algo às pessoas de sua rede de relacionamentos. Ao longo do tempo, isso pode fazer com que as pessoas rotulem você de "usurpador" – e isso pode causar afastamento.

Você agora possui uma medida básica de seu QC. Nos capítulos que se seguem, aprenderá a construir, alimentar e influenciar suas redes de relacionamentos profissionais, pessoais e virtuais. Minha lista "As dez maiores dicas sobre redes de relacionamento bem-sucedidas" lhe dará idéia do que vamos abordar.

No próximo capítulo, vou descrever minha jornada pessoal ao desenvolver minha rede de amigos e associados. Minha esperança é que você se inspire para se focar em sua própria rede e nas maneiras como pode melhorar seus relacionamentos.

LISTA DAS DEZ MAIORES DICAS DE REDES DE RELAÇÕES BEM-SUCEDIDAS

1. Mantenha a rede de relacionamentos no topo de sua lista de prioridades, todos os dias.
2. Ajude os outros em seus relacionamentos.
3. Construa um QPD (Quadro Pessoal de Diretores) para ajudar sua carreira e sua vida.
4. Organize-se – de qualquer maneira favorável você.
5. Mapeie sua rede de relacionamentos atual. Ela é provavelmente melhor do que imagina.
6. Faça o jogo do "Um grau de separação" para ver quem você incluirá em sua rede.
7. Interesse-se pelas pessoas e faça perguntas a elas. Redes de relacionamentos são construídas através de conexões pessoais e você nunca sabe como vai se conectar com alguém.
8. Priorize a qualidade em vez da quantidade.
9. Diversidade! Quanto mais, melhor.
10. Construa sua marca pessoal.

2

Conexão precoce, conexão freqüente

Nós todos nascemos dentro de uma rede de relacionamentos de familiares e de amigos, embora muitas vezes deixemos de reconhecer o valor dessas conexões. Geralmente não percebemos que essas ligações naturais com amigos, familiares e a comunidade podem, na verdade, ser o centro de nossos relacionamentos.

No capítulo anterior, eu pedi a você para estimar a dimensão de sua rede de relacionamentos. Se você é como a maioria das pessoas, provavelmente descontou aqueles que conhece apenas "como amigos de escola" ou como "apenas um primo". Acredito que assim você não percebe o como e quanto está conectado. Uma vez que se torna ciente disto, você pode então aprender como melhorar essas conexões e usá-las para sua vantagem.

Neste capítulo, vou apresentar minha jornada pessoal entre as redes de relacionamentos como um exemplo de quão naturais elas podem ser – e como podem ajudar-nos. Ao longo de minha vida, vi o efeito poderoso e efetivo das conexões fortes. Das redes de contato pessoais de minha mãe às profissionais de meu pai, experimentei, em primeira mão, os efeitos positivos que elas podem ter na vida da gente. Também me beneficiei, durante minha vida adulta, de fortes redes de relacionamentos. Minhas redes me levaram a empregos, abriram portas a clientes, facilitaram meu crescimento e desenvolvimento, e me proporcionaram ser o que sou hoje, um homem de negócios bem-sucedido. Espero que minha história ajude você a analisar, entender e melhorar sua própria rede de relacionamentos.

Redes de relacionamentos começam em casa

Como acontece com muitas pessoas, minha rede de relacionamentos começou em casa: pais, irmãos, avós, tios, tias e primos. Depois começou a se estender para fora da minha família, incluindo amigos dela e meus próprios amigos. (Do lado de meu pai, tenho 24 primos, o que deu certo impulso à minha rede).

Acho que, de alguma forma, relacionamentos estão em meu sangue. Aprendi sobre redes de relacionamentos pessoais com minha mãe, JoAnn, e, as profissionais, com meu pai, Ed.

Por décadas, minha mãe manteve uma rede de relacionamentos muito grande com a família e os amigos. Eu me recordo dela se levantando bem cedo e começando a escrever cartas aos familiares e aos amigos, muito embora eu saiba que ela não tivesse consciência de estar realizando uma rede de relacionamentos.

A cada ano, ela mandava cem cartões de Natal para membros da família, parentes, amigos de infância, amigos dos bairros nos quais moramos, colegas de trabalho e pessoas que ela encontrava na igreja local. Eu ficava espantado de ver quantos amigos possuíamos e quantos cartões de Natal recebíamos em troca. Ela me ensinou que você consegue muita felicidade e alegria na vida ao ficar em contato com as pessoas. Ser parte da vida das pessoas, mesmo que seja apenas no período de Natal, é uma experiência enriquecedora.

Eu também aprendi que conexões com as redes de outras pessoas podem se intensificar, dissipar-se, e, depois, intensificar-se novamente ao longo do tempo. Meu pai e minha mãe deixaram de ver alguns amigos por um bom período de tempo, mas, depois que criaram seus filhos e aposentaram-se, reconectaram-se de novo com os velhos conhecidos. Descobriram que não apenas ainda gostavam de passar tempo com eles, mas a longevidade de sua amizade fez do relacionamento algo ainda mais especial.

A vida e a distância podem criar um abismo entre amigos íntimos, mas se você entrar em contato com eles ao menos uma vez por ano, você retém o potencial da possibilidade de restabelecer esses relacionamentos.

Meu pai me ensinou sobre redes de relacionamentos profissionais. Ele não é uma pessoa extrovertida nem um *networker* natural, mas sempre esteve relacionado com as comunidades em seu trabalho, através de seus pares profissionais. Meu pai é engenheiro mecânico e freqüentou a Universidade no Instituto de Tecnologia da General Motors (em inglês, GMIT).

O GMIT é um programa de graduação de cinco anos, construído em cima de modelos de aprendizagem. Meu pai dizia que sua experiência no GMIT e as pessoas que encontrou durante seus anos de estudo foram a base de sua rede de relacionamentos profissionais.

Ele foi trabalhar na General Foods e se tornou gerente de plantações para um novo tipo de comida canina, em Topeka, no Kansas. Enquanto moramos em Topenka, meu pai fez parte do quadro de funcionários local da United Way. Foi também primeiro-membro e depois presidente da Câmara de Comércio. Também se juntou à sua primeira rede de relacionamentos profissionais para gerentes de plantações. Essa rede era liderada por Luyman Ketchum, o chefe de meu pai na General Foods, que mais tarde largou a companhia para iniciar um negócio próprio.

Esse grupo foi minha primeira introdução a uma rede de relacionamentos verdadeiramente profissionais. Eu me lembro de ir a uma reunião do grupo com minha família e ouvir meu pai falar a respeito dos incríveis valores que ele aprendera a partir de sua participação na rede de relacionamentos.

Muito embora tenhamos nos mudado com freqüência enquanto eu crescia, mantive contato com muitos dos amigos do colégio, do pré ao colegial. Portanto, tinha uma rede de relacionamentos bastante grande quando cheguei aos dezoito anos de idade.

Iniciando uma rede de relacionamentos profissionais

Na introdução deste livro, descrevi como uma rede de relacionamentos me ajudou a ser aceito na Universidade de Michigan. Uma universidade como aquela é o que eu chamo de "acelerador de relacionamentos". A universidade possui um corpo muito grande de alunos de várias outras universidades americanas. Apenas por ser graduando da Universidade de Michigan, eu estava automaticamente conectado a uma extensa rede.

Na Universidade de Michigan, conheci um número de professores que influenciou sobremaneira minha vida profissional, incluindo os professores de negócio Robert Quinn e Dan Denison, e os especialistas em gerência extremamente qualificados C.K. Prahalad e David Ulrich. Apenas por ter certa associação universitária com essas pessoas proeminentes, isso fez com que meus relacionamentos ficassem cada vez mais fáceis.

Formar-me pela Universidade de Michigan e desenvolver relacionamentos com aquelas pessoas me ajudaram durante toda a minha carreira, assim como também deram-me uma espécie de credibilidade por tabela, o chamado "efeito da glória da rede de relacionamentos".

Muito embora eu tenha feito relacionamentos importantes, na época em que me formei, em 1983, procurei a ajuda de meu pai e de meu tio Jack para achar um emprego.

Como descrevi na introdução deste livro, fui capaz de influenciar as conexões de meu pai em um grande emprego no Departamento do Trabalho dos Estados Unidos.

Um acelerador de rede de relacionamentos é um grupo com o qual você se relaciona e que expande significativamente seus próprios relacionamentos.
Pode ser uma igreja, um clube, uma escola, uma associação profissional ou até mesmo uma empresa na qual você trabalha. Algumas pessoas dispensam a importância dessas afiliações compartilhadas. O falecido romancista Kurt Vonnegut ridicularizou a característica humana em procurar fazer afiliações, ao descrever esses grupos como *granfalloon*, em seu romance de 1963, *Cat's cradle*. Ele chamou de *granfalloon* a "uma associação orgulhosa e sem significado de seres humanos". Ainda assim, é inegável que as pessoas coloquem grande valor em suas associações com os outros.

Conheci uma série de pessoas nesse departamento, as quais se tornaram meus primeiros mentores e me ajudaram muito em minha carreira, incluindo John Stepp e Bill Batt. Também conheci um amigo de longa data, Ray Disch. Embora eu não soubesse na época, estava começando a construir minha Junta Pessoal de Diretores (em inglês, PBOD). Criar uma PBOD é um componente muito importante para o efetivo desenvolvimento pessoal, profissional e virtual das redes de relacionamentos.

Os encontros com guias de carreira, conforme os descrevi na introdução, levaram-me diretamente ao meu próximo emprego. Brian Usilaner, que dirigia o Grupo de Produtividade Nacional no Escritório Geral de Contabilidade dos Estados Unidos, ofereceu-me um emprego. Foi-me dito que eu entrei nesse trabalho como avaliador (auditor de programas), primeiramente por causa das publicações e dos trabalhos que havia feito no Departamento de Trabalho.

Trabalhei lá por quase quatro anos. Aquele emprego beneficiou minha carreira de três maneiras. Primeiro, eu fui exposto a uma série de ótimos trabalhos na área de produtividade e gerenciamento de qualidade.

O efeito da glória das redes de relacionamentos vem do fato de se ter pessoas respeitadas e bem-conhecidas em seus relacionamentos. Quando você possui tais relacionamentos, mesmo que soltos ou indiretos, a credibilidade e a autoridade dessas pessoas (exemplo, sua glória) podem recair como que por tabela em você. Em todo caso, é importante não exagerar. As pessoas em geral tentam levar vantagem do efeito da glória ao recorrer ao *name-dropping*, que é a menção pretensamente casual, embora estudada, de nomes de pessoas proeminentes, feito com o intuito de impressionar os outros. *Name-dropping* em excesso pode, algumas vezes, virar-se contra você ou diminuir sua credibilidade.

Publiquei artigos, e meu primeiro destaque nesse quesito (com Brian Usilaner e outros) foi tornar-me especialista em sistemas de envolvimento de empregados e recompensas de performances inovadoras.

Pelo fato de todo o trabalho da GAO ser financiado por comitês do Congresso e congressistas em geral, tive a oportunidade de conhecer o senador Al Gore, que, na época, era o chefe do Comitê de Assuntos Governamentais do Senado. Mas muito mais importante ainda: fiquei amigo de seu diretor legislativo, Thurgood (Goody) Marsahall Jr., o filho de Thurgood Marshall, da Corte Suprema de Justiça.

Depois fui aceito num programa de graduação na Universidade da Califórnia (UCLA), que teve participação em sua escola de Administração Pública em Washington DC. O GAO pagou parte de meu curso.

DICA ▸ *Tente publicar algo junto com seus mentores. Esse é um grande passo para adquirir credibilidade. Eu consegui fazer publicações com quase todos os membros de meu PBDO ao longo dos anos.*

Influenciando quadros consultivos

Pelo fato de o GAO ter formado muitos quadros consultivos externos quando trabalhávamos em diversos projetos, eu conheci um grande número de especialistas nos campos de gerenciamento. Esses especialistas incluíam o Dr. Ron Stupek, professor de Administração Pública da Universidade do Sul da California. Fui co-autor de artigos e escrevi um capítulo para um livro editado pelo Dr. Stupek. Isso tudo aconteceu antes de meus 25 anos.

Se você teve ou não vantagens semelhantes em seus primeiros anos, você pode começar a melhorar sua rede de relacionamentos agora mesmo. Onde quer que esteja em sua vida, ao aprender como usar o "Efeito *Networking*", isso só fará com que você avance em sua carreira profissional e melhore sua vida pessoal.

Exercício 2.1: Refletir sobre seu início de carreira

> Este exercício pode levar cerca de uma hora ou duas, para que você possa pensar em sua primeira rede de relacionamentos e nas pessoas inscridas nela. Você pode então desenhar uma árvore de rede de relacionamentos como a que se vê neste capítulo (ver figura 2.1 na página 45).
>
> Ou, se estiver inspirado, pode escrever uma pequena história pessoal como a minha. Qualquer que seja o método adotado, o ponto mais importante é conseguir um sentido de história e continuidade – uma espécie de enredo que facilite a compreensão de como você chegou onde está.
>
> Se você gosta ou não de onde está em sua vida neste momento, ou se sente que pode melhorar algo, refletir sobre aquilo que conquistou até sua situação presente pode ser um exercício de grande valor.

Para se tornar um *networker* profissional

Na tenra idade de 25 anos, eu já era reconhecido por meus conhecimentos sobre produtividade, gerência de qualidade, organizações de grupos e programas de recompensa. Meus conhecimentos, porém, não eram muito extensos, mas combinados à minha rede de relacionamentos de então eu criara o que chamo de "credibilidade orbital". Isto é, eu possuía certa credibilidade nas áreas citadas porque tinha realizado pesquisas e me relacionado com algumas das melhores cabeças do ramo. Mas o mais importante: eu tinha co-publicado livros com essas pessoas.

De fato, minha credibilidade orbital me levou diretamente ao meu próximo emprego, com o Conference Board. Até hoje, muitos ainda me dizem que sou uma das únicas pessoas a ter conseguido um emprego ao responder um anúncio do *The New York Times*. É claro que ajudou muito ter o respeitado Conference Board no meu currículo.

Credibilidade orbital é o que você ganha ao se associar a um movimento, um projeto ou a uma área de interesse. Você pode não ser o maior especialista do mundo, mas ganha certa credibilidade ao fazer parte dessa área e contribuir para ela de alguma maneira.

Aquele emprego foi um grande propulsor para minha carreira, porque a Conference Board é uma organização de consultores de negócio muito bem respeitada, com membros que incluem mais de duas mil das maiores companhias dos Estados Unidos. Ao trabalhar com os clientes da Conference Board tive minha primeira oportunidade para ganhar visibilidade no mundo corporativo. Também conheci dezenas de executivos *seniors* de algumas das maiores empresas. Minha rede de relacionamentos cresceu muito.

DICA ▸ *Ao procurar emprego, considere não apenas o salário, as responsabilidades e o cargo. Considere também se o emprego pode ser uma plataforma para que você impulsione seus contatos e amplie a gama de relacionamentos com profissionais respeitados. O potencial para se construir redes de relacionamentos em um emprego é o benefício mais importante que se pode ter, especialmente no começo da carreira.*

Nasce um empreendedor

Na época em que consegui o emprego na Conference Board e me mudei para Nova York, eu já tinha sido picado pelo "vício do empreendedorismo". Enquanto estava na GAO, começara a trabalhar com um colega em um projeto de *software*. Após dezoito meses, decidi sair da Conference Board para perseguir esse ramo empresarial em tempo integral.

Nossa companhia, Insync Corporation, focava o desenvolvimento de um programa de *software* para *design*, análise e apresentação numérica de dados e gráficos de todos os tipos de pesquisa. Nosso primeiro produto, "The Organization Manager" era vendido por cerca de 1,5 mil dólares.

Durante o processo para estabelecer a Insync, comecei a acionar minha rede de relacionamentos. A pesquisa que licenciamos para a "Organization Manager" veio de Dutch Landen, um ex-executivo da General Motors que eu havia conhecido na GAO. Fiquei amigo íntimo de Dutch e de sua mulher, Gayle, e passei um bom tempo junto deles, freqüentemente dormindo em seu sofá, enquanto desenvolvíamos o programa. Dutch tornou-se um membro de meu PBOD e, desde então, tem influenciado meu modo de pensar e minha visão de mundo.

Como fazem os empreendedores, fiz contato com todo mundo para me ajudar a tirar o projeto da gaveta. A primeira soma de capital que conseguimos levantar veio da família e de amigos. Nosso primeiro escritório foi sublocado de um amigo. Uma vez que o programa foi desenvolvido e ficou pronto para o mercado, nossos primeiros clientes vieram de contatos que eu tinha feito no Conference Board. Até vendemos uma cópia para a GAO.

Embora nosso *software* tenha vencido prêmios como o "Produto do Ano" na categoria Recursos Humanos da revista *Human Resources Executive*, a Insync inadvertidamente fracassou porque meu sócio e eu não possuíamos experiência ou formação em negócios.

A despeito de nossas redes de relacionamentos bastante úteis, nós, de fato, não tínhamos nenhuma idéia sobre como vender, desenvolver o *marketing*, gerenciar o fluxo de caixa ou estabelecer parcerias estratégicas. Mesmo que tenhamos aprendido tudo muito rapidamente, não conseguimos superar os vários erros que cometemos no início.

Era hora de procurar por um emprego. Essa busca me levou a meu antigo chefe na GAO, Brian Usilaner. Brian tinha deixado o trabalho no governo para fazer consultoria de pesquisa em uma empresa de Nova York, fundada por David Sirota (Sirota & Alper Associates, Inc.). Aos 28, fui contratado como consultor *senior*.

Trabalhei na empresa por dois anos, mas tive problemas com um chefe depois da experiência de ter tido meu próprio negócio. Por isso, quando a oportunidade surgiu, lancei-me à oportunidade de começar de novo um negócio meu.

Influenciando parcerias de negócios

Essa parceria resultou de uma grande corporação: a Phillips Electronics. A Phillips me pediu para desenvolver um programa de treinamento em CD-I (Compact Disc Interactive) de Total Quality Management (TQM), que incluísse a pesquisa da Insync. Aproveitei a oportunidade, indagando a Bob Shea, fundador de uma pequena firma de consultoria que era distribuidora de *softwares* da Insync, se ele gostaria de ser meu sócio e ajudar a desenvolver o programa de CD-I. Ele aceitou e reorganizamos a Insync, meio a meio.

Escolhi Bob como sócio porque vi nele um "grande homem de negócios". Ele havia trabalhado com vendas na IBM, tinha sido vice-presidente de vendas para a Paradigm Corporation e também para a MCI, além de ter sido CEO de uma pequena empresa de tecnologia. Baseado em minha experiência anterior, concluí que, embora eu fosse um bom desenvolvedor de produtos e possuísse certa experiência no assunto, eu ainda não sabia como vender, exceto influenciando minha pequena e limitada rede de relacionamentos.

Bob e eu conduzimos nossa companhia por oito anos, de 1993 a 2001. Os primeiros anos da internet foram muito excitantes para os desenvolvedores de *softwares*. Nós alavancamos os *softwares* de pesquisa da Insync, adicionando serviços de consultoria ao nosso negócio de vendas no setor. Também adquirimos experiência no desenvolvimento de programas de treinamento em computadores.

Nossa maior inovação (idéia de Bob) foi formar uma parceria estratégica entre a Insync e duas outras firmas de desenvolvimento de programas – uma focada em programação multimídia, a outra em programação de *software*. Nós chamamos essa aliança de "Learning Technologies Group" (LTG), e assim mudamos o nome da Insync para LTG.

DICA ▸ *Alianças de negócio e parcerias podem ser estratégicas para se agregar valor no que se vai oferecer ao mercado. Elas também geram rápida expansão das redes de relacionamentos.*

A aliança da LTG foi capaz de atrair mais de 50 especialistas em desenvolvimento de projetos para clientes, atingindo um orçamento de 2,5 milhões de dólares. A parceria de negócio da LTG, em seu auge, obteve mais de 6 milhões de dólares em receita anual. Entre os clientes estavam a Universidade de Drexel, a McGraw-Hill OnLine Learning, a Hewlett-Packard, a Lucent Technologies e a Simon & Schuster (New York Institute of Finance OnLine).

Enquanto dirigia a LTG, também me envolvi com uma rede de relacionamentos voltada para gerentes de planta e gerenciamento geral chamada "Metamorphosis 2000." Essa rede foi fundada por um ex-colega de meu pai, Bill Easter. Bill estava trabalhando como consultor gerencial e fundou-a com alguns de seus clientes, além de outros contatos. Em seu auge, a rede possuía mais de 25 membros.

Durante esses anos, minha rede de relacionamentos pessoal cresceu consideravelmente e eu conheci muitas pessoas que são membros importantes de meu PBOD até hoje.

O modelo de negócio

Depois da euforia conhecida como "bolha das empresas pontocom", em 1999, ficou evidente que a LTG não iria sobreviver como uma companhia independente. Meu sócio decidiu se aposentar e nós reestruturamos o negócio em que permaneci como único dono. Comecei a buscar em minha rede de relacionamentos um comprador para a LTG, o que me levou a um contato no Concours Group (uma firma de consultoria de médio-porte), e, em seis meses, eu vendia a LTG (por ações) para a Concours. Tornei-me, na seqüência, presidente de serviços científicos da Concours.

Lá, estudei o modelo de negócios da empresa, que combina consultoria, pesquisa e redes de relacionamentos de executivos. Nós formamos uma das primeiras redes de pares para diretores de ciência e conduzimos estudos de pesquisas (o que me levou a escrever outro livro).

Minha rede de relacionamentos deu outro passo à frente na Concours, tanto em termos de colaboradores internos quanto de contatos externos com clientes corporativos e instituições acadêmicas.

A despeito de tudo o que eu estava aprendendo e dos ótimos contatos que fazia na Concours, porém, meu tempo lá reforçou em mim a convicção de que não era feliz na condição de empregado. Eu era um empreendedor nato.

Após um ano, decidi sair da Concours. Mas, em vez de começar uma nova companhia do zero, como tinha feito anteriormente, decidi comprar uma que eu pudesse reerguer. Eu sabia de experiência própria como era difícil construir um negócio do zero, sem capital e sem clientes.

Desenvolvi um conceito para avaliar as aquisições em potencial, incluindo marcas, lista de clientes, propriedade intelectual e fluxo de caixa. Depois de trabalhar sozinho e falhar em obter acordo com duas companhias indicadas por consultores, decidi que precisava de ajuda. Outra vez, procurei em minha rede de relacionamentos e me reconectei com Rich Silton, que eu conhecera no início dos anos 1990. Rich havia vendido sua companhia e agora estava ajudando pessoas a comprar e vender pequenas empresas.

Rich me ajudou a desenvolver um plano de ação para abordar uma companhia e me ensinou muito. Naquela época, eu também estava concluindo outro livro com Frank Bordonaro, que sabia que eu procurava uma empresa para comprar. Ele me sugeriu contatar Jim Bolt, que administrava a firma Executive Development Associates, Inc. (EDA). Liguei para Jim, apresentei-me e ele me convidou para visitá-lo em Crested Butte, no Colorado, para um bate-papo.

A única razão pela qual Jim concordou em me encontrar, eu acho, foi por causa de meu relacionamento com Frank, a quem Jim respeitava, e pelo fato de que nós dois tínhamos freqüentado a Universidade de Michigan. Outra vez, isso revela a importância do "Efeito *Networking*". As pessoas estão muito mais inclinadas a gastar o tempo delas com quem tenham algum tipo de conexão (exatamente como Jim fez comigo via Frank, além do fato de termos em comum a condição de ex-alunos da Michigan).

Viajei para Crested Butte e me encontrei com Jim. Como previsto, conhecíamos muita gente em comum, porque Jim trabalhou com diversas pessoas da minha rede de relacionamentos (especialmente da Michigan e professores da USC), já que prestara serviços a várias empresas. Nós também nos demos muito bem porque Jim administrou uma série de redes de relacionamentos de executivos e eu possuía boa experiência conduzindo essas redes. Jim e eu, com a ajuda de Rich Silton, negociamos a compra da EDA, que se concretizou no dia 28 de outubro de 2003.

As redes de relacionamento da EDA

Como *networker*, comprar a EDA foi como encontrar o Santo Graal, porque Jim é uma das pessoas mais bem relacionadas que já encontrei. Ele fundou a EDA em 1982 e desde aquela época construiu uma enorme rede de contatos dentro e fora da indústria. A lista de clientes da EDA é impressionante: a firma já trabalhou para mais de 50 das mais ricas companhias.

Além disso, na época em que comprei a EDA, Jim estava administrando três redes de relacionamentos entre pares, com mais de 80 membros. Para completar, a EDA possuía uma base de dados com cerca de 2500 contatos. Ao comprar a EDA, fui capaz de aumentar minha rede de relacionamentos exponencialmente; com a ajuda e o apoio de Jim, estabeleci meus próprios relacionamentos com muitos contatos das redes dele.

O capítulo final em minha jornada de redes de relacionamentos é sobre como Jim e eu temos trabalhado nos últimos anos para transformar a EDA, que deixou de ser uma firma de consultoria com poucas redes de contato entre pares para se tornar uma firma de redes de contato entre pares.

Nós aumentamos o número das redes da EDA de três para dez, e, atualmente, temos mais de 250 membros de mais de 200 organizações ao redor do mundo. Esse crescimento adicionou uma outra camada à minha rede de relacionamentos, que continua a crescer.

Nosso objetivo é sermos líderes em redes de relacionamentos entre pares para executivos da comunidade de recursos humanos. Estamos no caminho certo. No início de 2007, vendemos a consultoria de negócios da EDA, para que então pudéssemos nos focar totalmente nos negócios da rede de relacionamentos. A firma agora se chama Executive Networks, Inc.

Junte-se á minha rede

Eu encontrei a editora deste livro na minha rede de relacionamentos. Richard Leider, um treinador de negócios líder e autor *best-seller* da Berret-Koehler – que também é amigo íntimo de Jim Bolt –, apresentou-me aos contatos da Berret-Koehler.

E agora, através deste livro, conectei-me a você. Livros têm sido ferramentas para redes de relacionamentos, primeiramente entre pessoas instruídas, depois entre todas as que querem ler. Na última década, a tecnologia em computadores e a internet expandiram vastamente nossas capacidades de conexão. Com isso em mente, eu convido você a me encontrar virtualmente em meu site www.theconnecteffect.com.

Quando eu reflito sobre minha rede de contatos (ver figura 2.1 na página 45), fico verdadeiramente espantado. Vejo como ela começou com minha mãe e meu pai, depois se alargou ao longo dos anos, para cobrir uma variedade de pessoas, muitas das quais conseguiram realizações significativas na vida.

No capítulo seguinte, vou oferecer a você alguns guias sobre como pode alargar sua rede de relacionamentos.

Exercício 2.2: Reflita sobre sua carreira até o presente momento

O que o levou aonde você está? Quem ajudou você? Quem o está ajudando agora? Quem você está ajudando? Quais são seus objetivos? Como sua rede de relacionamentos pessoais pode alcançar essas metas?

Como no exercício 2.1, você pode escrever suas respostas, fazer árvores de redes de contato ou simplesmente refletir durante algumas horas. O ponto importante é que você atinja um senso de história e continuidade em sua vida e em suas redes de relacionamentos. Isso vai ajudar você a reter o que é valioso em sua vida pessoal e profissional – e mudar o que precisa ser mudado.

Como complemento, compreender como você chegou onde está irá ajudar a esclarecer o que funcionou e o que não funcionou. Também irá permitir que você se foque em quem lhe ajudou, quais pessoas produziram sua rede, e quais pessoas são as peças-chave para seu sucesso. Como você está empregando o "Efeito *Networking*" agora?

Figura 2.1 Histórico da rede de relacionamentos de Mike

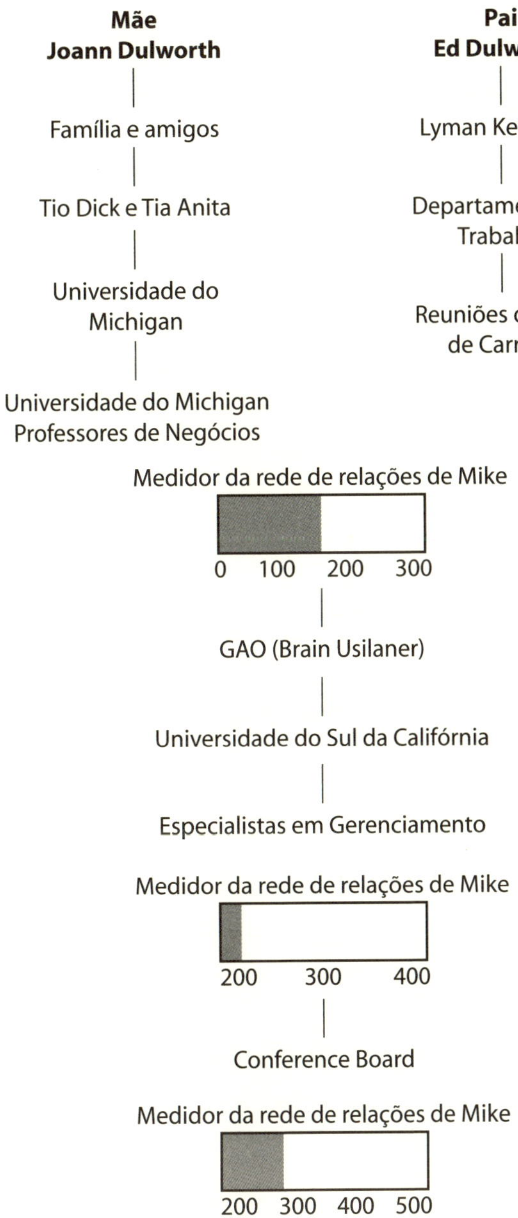

Figura 2.1 (*continuação*)

Insync

David Sorita (através de Brian Usilaner)

Bob Shea

LTG Alliance

Marty Maleska, Bill Storts, Rich Silton,
Larry Alexander, Cedric Crocker

Bill Easter
(Metamorphosis 2000)

Medidor da rede de relações de Mike

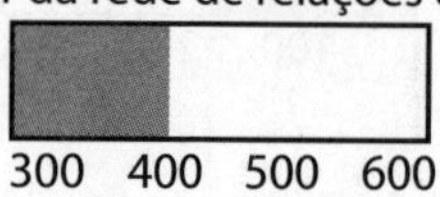

The concours group

John Wiley & Sons / Jossey-Bass

Jim Bolt e EDA

Richard Leider

Berret-Koehler Publishers

Medidor da rede de relações de Mike

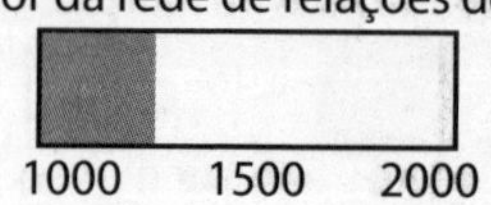

3

Construindo suas conexões

Algumas pessoas não são boas *networkers*. Cheguei a essa conclusão ao ouvir inúmeras pessoas com as quais conversei nos últimos 25 anos. Mas também descobri que elas podem melhorar muito se seguirem alguns passos bem simples. Essa orientação nada tem a ver com aquelas dicas que se lê nos livros de auto-ajuda sobre relacionamentos, coisas como "os cinco passos para organizar uma sala" ou "saia e se junte aos diferentes grupos". Meus conselhos são muito mais práticos e diretos. Buscar melhorar a própria performance como *networker* requer atitudes diferentes.

No capítulo 1, descrevi algumas fortes e poderosas redes de relacionamentos, as quais possuem quatro qualidades-chave: quantidade, relacionamentos, diversidade e qualidade. O que você obtém com uma rede de relacionamentos com todas essas qualidades? A frase que eu uso para minhas redes resume tudo isso: "as pessoas certas, as conversas certas, a hora certa".

Acho que essa é uma frase poderosa, porque inclui redes de relacionamentos efetivas e também o fato de ser um *networker* eficaz. Poder contar com pessoas influentes em sua rede de relacionamentos deveria ser a prioridade número um de todo mundo. A qualidade dos relacionamentos triunfa sobre a quantidade. Sua rede possui indivíduos de qualidade? É um grupo diversificado em termos de idade, raça, nacionalidade, sexo, ocupação e assim por diante? Uma das melhores maneiras para saber se você possui uma rede de alta qualidade é observar se eventos positivos inesperados acontecem por causa dela.

Conhecer as pessoas certas não lhe levará muito longe se você não souber como conversar com elas. Você precisa ter mais do que um simples relacionamento com as pessoas, para que possa mover sua rede para além do bate-papo convencional. Se você possui um desafio pessoal, você pode conversar com um amigo confiável ou um mentor? Se possui um desafio de negócios, ou profissional, você pode conversar com um parceiro que tenha experiência no assunto? Provavelmente, o melhor jeito de avaliar essas questões é analisar as conversas recentes que teve com os membros de sua rede de relações. Você foi capaz de manter uma conversação adequada com os membros de sua rede, não importa se via *e-mail*, ao telefone, ou pessoalmente? Se você se frustrou por causa da qualidade do conselho que recebeu de alguém de sua rede, isso pode ser um indicativo de que ela não é tão boa quanto poderia ser.

Tempo e senso de oportunidade são tudo, então "a hora certa" é o último componente crítico para uma rede bem-sucedida. Se você leva mais de 24 horas para obter uma resposta de alguém de sua rede, você então não estabeleceu o tipo certo de relacionamento com aquela pessoa para que a conversa certa ocorresse na hora certa. As pessoas certas, as conversações certas, a hora certa – esse é o mantra de uma poderosa rede.

O propósito deste capítulo é oferecer um guia para você desenvolver sua rede, a fim de ter a conversação certa, com as pessoas certas, na hora certa. Nós avaliamos seu QC, ou Quociente de Conexão, no capítulo 1. Aqui, vou explicar em detalhes como mapear sua atual rede de relacionamentos, para, em seguida, oferecer guias para construí-la.

Compreender sua rede de relacionamentos

Sua rede atual, não importa se grande ou pequena, é uma ferramenta-chave para você usar a fim de aumentar os contatos que você tem. Para usá-la de maneira eficaz, você deve entender quem está nela, quem é mais próximo, quem é mais distante, quem precisa de mais atenção, quem precisa de favores e necessita de sua ajuda.

O primeiro passo é mapear sua rede usando uma das abordagens discutidas no quadro intitulado "Mapeando sua rede de relacionamentos". Uma vez que você a mapeou, pode começar a apreciá-la, analisando e avaliando-a – e, então, movimentar-se para construí-la, não como um evento único, mas como uma jornada para toda a vida.

Se você levou algum tempo para mapear sua rede de relacionamentos, teve uma boa idéia de quem é quem. É um bom começo, mas se você quer usar sua rede para fazê-la crescer, é preciso ir mais adiante.

Primeiro, analise sua rede e identifique os membros classificados como *trocadores de cartões de negócio* (você trocou cartões, mas dificilmente se lembra quando e onde), *conhecidos* (eles sabem quem você é e vão provavelmente retornar uma ligação), *contatos pessoais* (farão um favor se você os pedir) e *amigos próximos* (você pode contar com eles quando estiver com problemas).

Depois, identifique seus contatos prioritários, não em termos do contato que têm com você, mas em termos de sua qualidade, experiência, realizações e as suas próprias redes de relacionamento. Quem são as estrelas que podem abrir muitas portas? Quem possui a habilidade de conferir credibilidade orbital, conforme discutimos no capítulo anterior?

Finalmente, descubra a quem você quer dar um *upgrade*. Em outras palavras, quem são as pessoas que ainda não são seus amigos pessoais, mas de quem você deseja ficar próximo. Um trocador de cartões de negócios pode ter causado certa impressão, mas você não deu continuidade ao relacionamento. Você quer fazer aquele conhecido ser mais do que isso? Você possui conhecidos que merecem se tornar contatos pessoais ou amigos?

Mapeando sua rede de relacionamentos

Não existe caminho pronto para mapear sua rede de relacionamentos. Aqui vão algumas abordagens diferentes que você pode usar:

1. *Jornada pessoal da rede de relacionamentos.* Esta abordagem pede que você escreva o histórico da sua rede desde o nascimento dela até o presente, em uma linha cronológica, na forma de uma narrativa, exatamente como eu apresentei minha jornada no capítulo anterior:

    - Comece com seus pais (os primeiros contatos de sua rede).
    - Liste os membros próximos de sua família e do restante dela.
    - Lembre-se dos amigos da família e dos amigos que teve, começando do mais antigo que consiga lembrar-se.
    - Liste colegas de classe e professores, do pré até à universidade.
    - Escreva os nomes dos colegas de trabalho e chefes dos empregos anteriores.
    - Descreva as pessoas que conheceu na igreja, através de clubes ou quaisquer outros grupos que você tenha participado.
    - Liste as pessoas que encontrou ao longo do caminho, seja num avião, num ônibus ou mesmo na rua.

Eu gosto desta abordagem, de mapear a própria rede de relacionamentos porque isso coloca todos os membros dela em um só contexto – isto é, onde você os conheceu, a importância que tiveram e/ou têm para sua vida e carreira, e assim por diante. Este método também mostra como as redes se constroem ao longo do tempo. Você provavelmente perceberá que sua rede é maior do que imagina.

2. *Lista de endereços*. Esta abordagem pede que você preencha uma lista de endereços (*online* ou no papel) com informações de todos os membros de sua rede. Provavelmente, você já deve ter uma lista de endereços (uma agenda telefônica, por exemplo), mas ela provavelmente não contém todos os membros de sua rede de relacionamentos. Portanto, comece de A a Z, e veja quantas pessoas você na verdade conhece.

3. *Diagrama da árvore*. Esta abordagem pode ser usada em conjunto com a jornada pessoal descrita acima. A idéia é começar com os primeiros contatos de sua rede (outra vez, seus pais), e listar sua rede neste diagrama de árvore. O que este método tem de poderoso é mostrar quem está conectado a quem. Você encontrou alguém em sua rede via um amigo, um colega ou um conhecido casual? Lembrar-se dessas conexões pode ser valioso quando você procura conhecer o poder de sua rede, porque assim vai entender as origens de seus relacionamentos e voltar ao diagrama de tempos em tempos. Essa apresentação visual da rede também ajuda a identificar nela uma pessoa crítica, especialmente se você classificar as ramificações de sua árvore.

4. *Folha de expansão*. Esta abordagem permite a você criar categorias de informação a respeito dos membros de sua rede de relacionamentos e, assim, expandir as informações arquivadas nesses campos. Se você escreveu um nome numa fileira, por exemplo, pode ter colunas de nomes (ou campos) para informação, como um dado de contato da rede, onde e quando os encontrou, quando os contatou, quais são suas áreas de especialização, além de informações pessoais como datas de nascimento, nomes dos filhos etc. A limitação óbvia é que você precisa constantemente atualizar a informação, o que exige disciplina e tempo.

5. *Base de dados de* software. Esta abordagem é muito semelhante ao uso da folha de expansão, mas a organização da informação pode ser muito mais flexível, e, se construída apropriadamente, a base de dados pode ser atualizada automaticamente com informação de outras fontes. Existem muitos serviços na internet que são ferramentas de base de dados, ideais para construir e manter sua rede de contatos. Alguns, é claro, vão além e interligam sua base de dados de contatos com outras bases de dados, para que você possa influenciar as redes dos outros.

> **6.** *Ferramentas automáticas da internet.* Um novo tipo de ferramentas para a prática do *networking* está emergindo. Ela utiliza *softwares* que juntam informações sobre as pessoas de sua rede de relacionamentos via contatos do programa de correio eletrônico *Outlook*, suas mensagens de *e-mail*, seu diretório do celular, entre outras fontes. As ferramentas automaticamente compilam as informações disponíveis e ajudam organizar e mantê-las. Algumas até propiciam "serviços inteligentes", informando a última vez que você contatou um membro de sua rede ou a intensidade de seu relacionamento com um membro da rede – ou, ainda, alertam você para o aniversário de alguém. Essas ferramentas tendem a melhorar ainda mais nos próximos anos, ajudando você a construir, manter e melhorar a prática de seu *networking*.

Faça uma lista com todas as pessoas de sua rede. Se ela for longa, você pode querer priorizar e focar-se nos cinco primeiros nomes, por exemplo Mais tarde, vamos abordar maneiras de fazer atualizações, o que só irá reforçar seus relaciojnamentos.

Guia para construção de redes de relacionamento

Você não precisa ser uma pessoa extrovertida ou um agente social para se relacionar. Na verdade, agentes sociais, pessoas exibicionistas, não são necessariamente bons *networkers*. (Eles freqüentemente não realizam *networking* significativos nem dão continuidade a essas ações). Como eu disse anteriormente, construir rede de relacionamentos implica planejamentos e cuidados.

Planos para redes de relacionamentos

Redes de relacionamentos não surgem por acaso, nem crescem espontaneamente. Você precisa traçar planos para erguê-la a partir de uma base sólida. Não diga a si mesmo que é ocupado demais para isso. Um pouco de tempo pode ser útil. Faça planos para freqüentar reuniões ou conferências. Programe-se para se encontrar pessoas. Isso é o que Barbara Howes (vice-presidente de desenvolvimento e ciência na Walt Disney Company, e membro do Executive Networks' Chief Learning Officer Forum) me disse quando lhe perguntei quais eram as chaves para a prática de um *networking* eficaz:

> "Você, na verdade, tem de planejá-lo. Precisa querer manter relacionamentos e querer nutri-los. São coisas que, em geral, as pessoas se esquecem de fazer. Elas podem até obter uma grande variedade de contatos, mas não estão verdadeiramente relacionando-se. Um não leva a outro contato; eles apenas possuem muitos cartões de negócio em suas carteiras. A chave é *você querer se relacionar*. Você também precisa querer pertencer à rede de relacionamentos de outras pessoas. Portanto, esteja aberto à idéia de apresentar colegas a outros, pessoas que eles possam achar interessantes conhecer. Você precisa ter tempo para fazer isso. Você precisa, na verdade, esforçar-se e se planejar, enviando uma nota ou um *e-mail*, ou apenas ficando conectado na informação de contato daquela pessoa."

Você precisa ter sua rede de relacionamentos no lugar antes de recorrer a ela, enfatiza Michael Drapkin. Precisa planejá-la para deixar que ela aconteça. Michael e eu estamos em contato há dez anos, desde que fomos apresentados por um amigo em comum. Como músico clássico e presidente de sua própria empresa de tecnologia, ele se relaciona com dois ambientes bastante diferentes entre si. Ele me disse: "Você deve reservar um tempo da sua semana para se relacionar, porque precisa ter sua rede de relacionamento funcionando antes de precisar dela. Ela precisa ser ativa, viva. Se você esperar para ativá-la só depois que estiver necessitando de algo específico, vai ser muito mais difícil".

Algumas vezes, as pessoas dizem que não têm tempo para se relacionar – são ocupadas demais. Eu acho que isso é apenas uma desculpa, na verdade, é falta de planejamento. Ser ocupado nunca é uma boa razão para não se relacionar, de acordo com Joanne Black. Quando eu realizava pesquisas para este livro, disseram-me que eu tinha que encontrar Joanne, porque ele é um ótimo *networker*. E ele é realmente: embora seja extremamente ocupado, conseguiu um tempo para falar comigo. E compartilhou um milhão de conselhos comigo, os quais ajudaram a enriquecer diversos aspectos deste livro.

"Eu sei que todo mundo é superocupado", ele me disse, "mas como qualquer outra coisa, coloque a prática do *networking* na agenda". Joanne pensou por um minuto e acrescentou: "Uma das coisas que faço quando quero freqüentar algo é pagar por aquilo, aí sei que terei de ir de um jeito ou de outro. Se eu disser 'oh, vou pensar no assunto', talvez eu o faça mais tarde, mas raramente a coisa se concretiza, simplesmente porque não está lá, na minha agenda".

John Zapolski acha que as pessoas podem fazer muita coisa mesmo sendo ocupadas: "Muitas vezes entramos em nossas rotinas e ficamos ocupados, esquecemos que somos pequenos investimentos, algo que precisa ser ativado para dar resultados".

Tammy Erickson, minha chefe quando trabalhei na Concours, ofereceu o seguinte conselho: "A dica que ofereço é: se você tem dificuldade em se relacionar, coloque-se a si mesmo numa situação ou processo onde os relacionamentos terão que acontecer. A Concours, por exemplo, faz as coisas de maneira que é impossível não se relacionar. Você está lá; os eventos são cuidadosamente construídos a fim de que haja oportunidades para se conhecer outras pessoas, tanto profissional quanto socialmente. Elas ali se encontram relaxadas, então o *networking* acontece". Depois, é claro, é sempre preciso manter os contatos em dia.

DICA ▸ *Dê uma olhada em sua agenda para as próximas semanas. Você possui algum evento agendado para praticar seu* networking*? Conseguiu administrar seu tempo a fim de alimentar sua rede de relacionamentos com telefonemas, envio de* e-mails *ou reuniões? Sua agenda pode revelar muito de suas prioridades atuais apesar de suas boas intenções.*

Cuide de sua rede de relacionamentos

Cuidar de sua rede não é complicado nem difícil. Envolve quatro ingredientes-chave:

- Construir relacionamentos
- Retornar ou ter a iniciativa
- Recrutar novas pessoas
- Ser sensível

Possuir uma rede forte e vibrante tem tudo a ver com o modo como você trata as pessoas. Como Joanne Black disse-me: "É sobre estabelecer relacionamentos e conhecer pessoas. O fator determinante em qualquer relacionamento é a confiança. Por exemplo: veja a Learning Network (a rede de relacionamentos de Marshall Goldsmith). As pessoas voltaram a entrar em contato, não apenas motivadas por razões profissionais, mas pessoais, para trocar impressões de assuntos de saúde tanto quanto de negócios". Conversar com os outros sobre assuntos pessoais só ocorre quando existe confiança mútua. Confiança significa ser discreto: você guarda as informações e não as repassa a título de fofoca. Significa manter sua palavra. Significa ser responsável. Ser honrável e não tirar vantagem das informações que os outros compartilham com você. "Confiança é algo que precisa ser alimentado", disse Jim.

Você não pode construir relacionamentos com as pessoas se você não se conecta com elas. Precisa ficar em contato. Conheço Jim há quinze anos. (uma de minhas primeiras companhias desenvolveu o *software* para PC que automatizou a pesquisa *The Leadership Challenge,* baseado no livro de Jim). Fiz questão de ficar em contato com ele, e nós procuramos nos encontrar para almoçar ao menos uma vez por ano. Como Bill Morin disse: "Uma rede de relacionamentos precisa ser mantida viva, fresca e atualizada. Nós recomendamos que você sempre se comunique com as pessoas, para que elas saibam que as coisas estão indo bem ou que você está disponível para bater um papo a qualquer hora. Pense nelas de maneira a incluí-las em seu *mailing list*, sua lista de contatos, para que possa entrar em contato com elas sempre que possível.

Todo dia entro no escritório e ligo para cinco ou seis pessoas da minha lista de contatos – apenas telefono do nada. Tenho feito isso há anos porque estou ciente de que você pode perder posição e reconhecimento muito rapidamente. Se você tem problemas para manter contato com as pessoas, siga o conselho de Joanne Black e arrume um tempinho em sua agenda.

Isso não quer dizer que tem de construir relacionamentos "enviando *e-mails* de duas frases, ou constantemente procurando a pessoa apenas para atualizar sua lista", de acordo com Rob Cross. "Acho que o problema com os inúmeros livros sobre *networking* é que eles tratam o tema como uma atividade superficial. Muitos deles caem na armadilha de que é preciso criar uma rede maciça de relacionamentos soltos no ar, em oposição às redes mais fortes e que demandem investimento".

Rob acha que é muito melhor possuir uma rede pequena de relacionamentos mais próximos do que conexões gigantescas sem propósito nenhum. "O que é bom na rede menor, melhor trabalhada, é que ela tende a gerar mais oportunidades, estando lá quando as coisas não estão indo bem". A mensagem é clara: o foco deve recair na construção da qualidade dos relacionamentos, não na quantidade.

Dê retorno ou dê o primeiro passo

Como um *networker* habilidoso, você precisa ver que todas as pessoas de sua rede obtêm sucesso. Como Marshall Goldsmith explicou na introdução: "Para mim, a chave para um bom *networking* não é focar naquilo que você pode conseguir – a chave é focar naquilo que se pode oferecer. Minha filosofia geral é muito simples. Encontre grandes pessoas, dê coisas a elas, e trabalhe num relacionamento em que elas lhe dêem tanto quanto você pode oferecer a elas".

- A idéia de dar retorno, ou reciprocidade, surgiu novamente em minhas entrevistas. Aqui vão alguns comentários:
- "Se alguém me faz um favor, faço um favor em troca, e vice-versa." (Jim Kouzes)
- "Se você vai entrar num relacionamento, adicione valor mais do que solicitações. Muitas redes de relacionamentos são apenas um caminho. Precisa haver reciprocidade em primeiro lugar." (Richard Leider)
- "Eu não abordo as redes de relacionamentos com a expectativa de obter algum favor pessoal. É muito mais uma oportunidade de participar e ser generoso ao dividir contatos com outras pessoas ou mesmo experiências. Espere sempre dar mais do que recebe." (Joh Zapolski)
- "Você precisa dar retorno a um relacionamento de uma maneira significativa. Precisa haver uma troca real de valor para que a rede de relacionamentos valha a pena." (John Foster)

A chave para a reciprocidade é ter certo nível de consciência a respeito do modo como você se comporta em relação às outras pessoas. Nós todos já encontramos pessoas muito focadas em si mesmas, que não conseguem perceber como os outros reagem a elas – e tampouco percebem o quanto são autocentradas. Se você sempre solicita favores em vez de oferecer ajuda, é hora de vasculhar um pouco sua alma. "Provavelmente, a coisa mais importante", Barbara Howes me disse, "é ser você mesmo um *networker*. Você precisa estar disponível para as pessoas, quando *elas* precisam de ajuda".

Parte de se estar disponível inclui deixar os outros saberem sobre suas experiências e interesses. (Isso envolve construir sua marca pessoal, que iremos discutir em detalhes no próximo capítulo). Quando as pessoas sabem a seu respeito, conhecem aquilo em que você é bom, quais conexões você possui, então elas sabem como você será capaz de ajudá-las. Se você está constantemente bombardeando as pessoas pedindo informação, mas não revelando muito sobre si mesmo, você não está criando uma rede de relacionamentos balanceada. John Foster, do IDEO, explicou um pouco disso quando conversamos: "Acho importante possuir um ponto de vista e um tanto de autoconsciência e aspiração, a fim de que os outros saibam como conectar-se com você. Se as pessoas sabem sobre meus interesses, elas podem ter mais do que um desejo para ficar conectadas a mim".

DICA ▸ *Esteja aberto a respeito de quem você é, o que lhe interessa e quais são seus objetivos. Quanto mais as pessoas sabem sobre você, mais elas são capazes de ajudar.*

Recrutando novas pessoas

Como você se mantém interessante (e interessado) ano após ano? Como você continua a crescer e se desenvolver bem depois de ter dominado o básico de seu papel profissional? A resposta é: expondo a si mesmo a novas situações e novas oportunidades. E a melhor maneira de se fazer isso é revigorando sua rede de relacionamentos com novas pessoas, as quais possam trazer novas dimensões à sua rede. Rob Cros explica:

> "Exatamente nos pontos onde líderes precisam de melhores conectividades são necessários novos conhecimentos, pensamentos inovadores, novas oportunidades e coisas que os mantenham novos e tomando boas decisões. Quem luta contra essa tendência geralmente não tem a chance de fazer tudo muito melhor. Quem busca o novo, ao longo de sua carreira recebe mais, são mais móveis e avançam mais rapidamente. Meu trabalho mostra que essas pessoas têm mais chance de estar no topo".

Uma maneira de conhecer pessoas é pedir a quem pertence à sua rede de relacionamentos que as apresente a você. Apresentações são a maneira mais natural de conhecer gente nova. Michael Drapkin me lembrou de como nos conhecemos: "Você e eu fomos apresentados porque eu trabalhava na Lehman Brothers. Nós tínhamos um amigo em comum, em Andy Bergen, e Andy pensou: 'Puxa, você dois podiam se conhecer'. Ele fez uma apresentação, nos encontramos em um bar, em Manhattan, e estabelecemos um relacionamento, mantendo contato. Portanto existe esse módulo de aquisição de apresentação pessoal".

Joanne Black disse que para conhecer pessoas novas, você deve "dar uma olhada naquelas que já conhece e conhece bem. Existem centenas de categorias diferentes de pessoas que podem ser fontes de referência". Pessoas com quem você fez negócios, por exemplo, são grandes fontes para novas oportunidades de negócios.

Mas clientes não são os únicos que podem falar de nós para novas pessoas. Joanne diz: "Não esqueçamos as outras categorias de pessoas: nossos pares, colegas, vendedores, associados, vizinhos, alguém que conhecemos no avião. Não é apenas a respeito de quem são essas pessoas – é sobre quem elas conhecem".

Joanne diz que encontros, associações e outros aceleradores de *networking* também são efetivos para se encontrar pessoas novas. Infelizmente, as pessoas não usam esses aceleradores com eficácia, além de serem muito impacientes:

> "Acho que existe um mau uso da expressão *networking*, quando as pessoas se referem a apenas encontrar pessoas em eventos diferentes. Se alguém pertence a uma variedade de associações profissionais ou vai ouvir um palestrante, ou vai a encontros mensais, o que é muito típico, o que elas precisam fazer é encontrar um grupo ou dois que gostem de verdade e se conectarem, para voltarem lá com regularidade, só assim as pessoas passam a lhe conhecer de verdade. Freqüentar eventos de vez em quando e dizer "oh, esse grupo nao fez nada por mim" não vai funcionar. Muitas pessoas vão a essas reuniões pensando que precisam fazer negócios em vez de imaginar como podem conhecer pessoas e ajudar os outros. O objetivo é conectar-se aos outros e aprender alguma coisa. E, então, se você está conectado com pessoas de uma forma que ache que pode ter alguma informação a compartilhar, ou ache que elas sejam interessantes, ou, por alguma razão, existe uma chama acesa e você gostou delas, então marque um horário para encontrar-se com elas mais tarde. Mas isso não acontece de uma hora para outra, especialmente quando se é novo em um grupo.

Se você identificou alguém que deseja conhecer, pode algumas vezes largar as apresentações e ir direto ao ponto. Com freqüência, apenas fazer uma ligação funciona. Jeff Rosenthal (um consultor que trabalha com Russell Reynolds) e eu nos encontramos a cada seis meses para trocar possíveis contatos. Ele me disse: "Algumas vezes, eu ligo para os outros apenas para dizer que 'respeito o que você faz'. Eu digo na lata: 'é por isso que quero encontrar você'. O ponto é deixar claro do porquê de você querer encontrar a pessoa. Bill Morin me disse que conhecer pessoas novas não é bater papo. É ser específico. Ser aberto, direto, quando perguntado sobre informação e idéias. Perceber que não se trata de uma experiência catártica quando você se encontra com alguém ou conversa ao telefone; é específico. Pergunte: 'quem você conhece na Acme?'. 'Quem você conhece na XX Business?'. Não diga: 'Puxa, você pode me ajudar?'. Isso é geral demais, é muito amplo. Muita gente não tem tempo para pensar pela outra pessoa".

As pessoas apreciam a abordagem direta. Elas com freqüência estão dispostas a ajudar se souberem do que se trata. Se você quer encontrar alguém, precisa ter uma razão bem definida. Nada deixa as pessoas ocupadas mais frustradas do que contatos sem objetivo. "Já perdi a conta das vezes em que pessoas chegam e me entregam seus cartões, como se eu os quisesse", disse Richard Leider com certa irritação. "E não é que não sejam pessoas boas. O que eu devo fazer com o cartão? O que exatamente ela está me pedindo? Qual é seu objetivo ou qual é sua oferta quando você está se relacionando? Na maioria das vezes não tenho a menor idéia do que elas querem. Sei que elas desejam fazer algum tipo de negócio, ou divulgar seu trabalho ou fazer alguma coisa. Mas elas não dizem. Então, acho que é mais honesto e mais efetivo se ela for transparente, dizendo o que deseja ou o que está oferecendo".

É claro que conhecer pessoas novas é apenas o ponto inicial. Se você quer realmente construir um relacionamento com uma pessoa, executar seu *networking*, para que ele ou ela seja ao menos um conhecido ou um contato pessoal e não só um trocador de cartões, você precisa dar continuidade ao encontro. Como disse antes, qualidade supera quantidade. Quando você conhece uma pessoa nova, "o aperto de mãos inicial é o começo do que pode se tornar uma relação muito durável", disse Patricia Franklin. "Mas é preciso continuidade". Patricia é chefe de departamento da Vistage International, empresa de rede de relacionamentos profissionais com mais de 13.500 membros ao redor do mundo, a maior organização baseada em receita pública. Então ela sabe do que está falando: "Digamos que você saiu de um encontro de negócios com milhares de cartões, mas não fez nada com nenhum deles. As semanas passam e, de repente, você percebe que precisa dar continuidade a algo, mas não consegue porque perdeu o contexto. Você não se lembra do que falou para alguém. Portanto, uma continuidade metódica e lógica é a chave".

Quando você recebe um cartão, o ideal é "escrever atrás dele o que você possivelmente vai fazer pela pessoa em questão, a fim de arrumar um pretexto para a continuidade do contato ou saber o que eles vão fazer para no mesmo sentido", completa.

DICA ▸ ***Ao trocar cartões de negócio com alguém novo, dê continuidade a respeito do que você deseja, ou sobre o que está oferecendo.***

Além de dar continuidade, você precisa ser paciente. Relacionamentos levam tempo para se desenvolver. Você não vai passar de uma troca de cartões de negócio a uma amizade duradoura da noite para o dia.

Ser sensível

Finalmente, *networkers* eficientes são sensíveis às agendas e horários dos outros. "Seja muito, mas muito sensível ao horário da outra pessoa", avisa Bill Morris. "Vá direto ao ponto". Não pense que você pode ficar falando sobre família durante longos minutos, a menos que vocês sejam amigos. "Eu recomendo que a conversa não dure mais do que cinco ou dez minutos. Estou falando de um contato telefônico. Agora, se a pessoa diz: "Por favor, entre", eu ainda ficaria uns vinte minutos, meia hora no máximo, sempre dizendo algo como: "Vou precisar de vinte minutos do seu tempo", mesmo que fique um pouco mais.

Conclusão

Construir sua rede de relacionamentos e praticar o *networking* não deve ser trabalho duro, mas, como vimos, é algo que precisa de planejamento, atenção a detalhes e sensibilidade pelos interesses dos outros. A ferramenta mais eficiente à sua disposição para construir seus relacionamentos é a própria rede que você já possui. Se prestar atenção nela, use-a para lhe ajudar a conhecer pessoas novas e construir relacionamentos recíprocos, sempre mantendo uma abordagem sensível de negócios disponibilidade das pessoas. Se fizer tudo isso, sua rede de relacionamentos vai florescer naturalmente.

4

Sua marca pessoal

Você sabe qual é sua marca pessoal? Ou alguma vez percebeu que tinha uma? Você sabe, é claro, que empresas e companhias possuem marcas: a da Tiffany dá ênfase ao luxo. A do Wal-Mart foca os preços baixos. Até mesmo cidades possuem marcas: Nova York é a "Big Apple", enquanto Los Angeles é a capital do entretenimento no mundo. As pessoas também têm marcas: pense em Donald Trump, Oprah Winfrey e Tiger Woods.

Mas você não precisa ser uma estrela de cinema ou um astro dos negócios ou do esporte para possuir uma marca. Você é famoso dentro de sua rede de relacionamentos: as pessoas dentro dela o reconhecem instantaneamente. Isso porque, em sua rede, você tem uma marca pessoal. Sua marca é sua reputação. Diz respeito a como as pessoas o vêem, o que ouviram e pensam sobre você.

Sua marca pessoal não se refere à maneira como você se vê; mas como é visto pelos outros. Podemos perceber isso em figuras públicas, como os políticos. Eles trabalham muito para construírem sua imagem e controlar suas mensagens, suas marcas pessoais – mas a percepção pública acaba se sobressaindo no final. O fato é que nossas marcas – nossas reputações – resultam da imagem que tentamos projetar. Mas nossa marca não é feita de falsas máscaras ou personas inventadas que usamos quando precisamos nos relacionar. Ela é o nosso eu verdadeiro.

> Sua **marca pessoal** é, portanto, a soma das qualidades que as pessoas associam a você, boas ou más. Sua marca é determinada pelo modo como os outros o vêem e apenas parcialmente determinada pela maneira como você se vê.

Para construir uma marca forte, você precisa se colocar lá, deixar que as pessoas o vejam, saibam quem você é – seu verdadeiro eu. Sim, leva tempo e esforço, e, se você não é naturalmente uma pessoa sociável, pode ser um tanto arriscado. Mas as pessoas que se relacionam apenas por relacionarem-se, sem pensar em sua marca pessoal, conseguem muito pouco. Lembre-se de como Richard Leider ficou desesperado ao perceber a debilidade de sua rede, conforme mencionado no capítulo anterior, quando ele se viu diante da ênfase que dava mais à troca de cartões de negócio em vez do estabelecimento de relacionamentos. Ele disse: "Acho que é mais honesto e mais efetivo se as pessoas forem mais transparentes. Por isso, é preciso definir o que você deseja ou o que está oferecendo". Outra maneira de colocar isso em prática é pensar na sua marca pessoal.

O ponto central da prática do *networking* está na construção de relacionamentos com pessoas que sabem quem você é, no que você está interessado e o que pode fazer. Se você é apenas um *networker* vagando por aí, o máximo que as pessoas vão lembrar sobre você é algo como "um cara que se veste bem" – e isso só se você realmente se vestir bem.

DICA ▸ *Para construir relacionamentos, deixe as pessoas saberem quem você é, pelo que se interessa e o que costuma fazer.*

Dimensões de sua marca

Sua marca pessoal pode ser medida em duas dimensões. Ela pode variar de forte a fraca, de positiva a negativa.

- **Força da marca.** Quando as pessoas pensam em você, o que vem à mente delas? Se elas associam várias qualidades a você e têm uma percepção vívida de quem você é, suas áreas de interesse e suas forças, então você possui uma marca pessoal relativamente forte. Por outro lado, se elas não possuem essa percepção a seu respeito e não têm uma idéia clara de seus interesses e forças, então sua marca pessoal é fraca (ao menos entre esse grupo de pessoas).
- **Qualidade da marca.** Você pode ter uma marca forte, mas isso não significa que ela seja positiva. (Al Capone possuía uma marca muito forte, mas não era boa). Sua marca é determinada pela qualidade – ou falta de qualidade – que as pessoas associam a você. Aspectos positivos, como honestidade, inteligência, generosidade e confiabilidade, irão contribuir para o alto grau de qualidade de sua marca. Aspectos negativos como desonestidade, preguiça, egoísmo e tantas outros vão lhe dar má reputação e péssima qualidade para sua marca.

Se você deseja desfrutar de uma rede de relacionamentos influente, precisa de uma marca pessoal que seja forte e positiva para ser aquela pessoa com a qual gente de qualidade vai se identificar. Considere o tipo de referência que você gostaria que as pessoas de sua rede lhe dessem quando respondem questões sobre você ou conversam com alguém que você gostaria de encontrar. O que gostaria que elas dissessem?

> Algo como: "Ele (ou ela) é geralmente amigável, mas eu não tenho certeza pelo que realmente se interessa. Algumas vezes, sinto que ele tenta tirar proveito de nossa amizade, pedindo favores todo o tempo, sem nunca oferecer nada em troca. Uma vez disse a um amigo para ligar para ele a fim de pedir-lhe ajuda sobre um assunto que ele dissera conhecer, mas ele não contribuiu em nada. Ele é bastante amigável – mas não conte com ele para nada importante".

É claro que você não deseja que as pessoas falem isso a seu respeito. Na verdade, você gostaria de ouvir o seguinte:

> "Ele (ou ela) é um profissional interessado em X, Y e Z – um verdadeiro especialista nesses assuntos. Ele está sempre feliz em fazer um favor e realmente gosta de conversar sobre esses tópicos, pelos quais se interessa. É educado, responsável e um verdadeiro profissional. Sempre sabe do que está falando e não perde tempo."

Avalie sua marca

Descubra se sua marca pessoal é forte, considerando a dimensão horizontal abaixo. Em seguida, veja se é positiva ou negativa, considerando a dimensão vertical. Coloque um x no local mais apropriado.

Você deve chegar ao quadrado superior da direita. Caso contrário, continue lendo para saber como conseguir chegar lá.

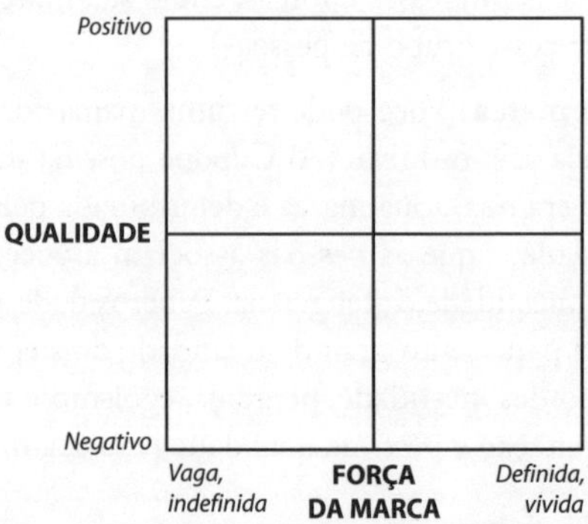

Polindo sua marca

Você não pode criar sua marca a partir do nada – ela não é uma máscara que colocamos e tiramos –, mas você pode se tornar mais consciente da maneira como é visto pelos outros. Pode, ainda, afiar sua marca ao esclarecer para você mesmo o que lhe interessa e o que deseja da vida. Quando saímos da universidade, geralmente não estamos certos sobre nossos próprios interesses, nossas forças e o que queremos da vida. Então, naturalmente, nossas marcas são mais nebulosas, influenciadas por nossa juventude e (esperamos) por nossa abertura para novas experiências em busca do significado das coisas. Mas, à medida que amadurecemos, nossas marcas deveriam assumir forma, cor e nitidez. Enquanto avançamos na carreira, devemos construir credibilidade profissional e nos tornarmos conhecidos em nossos círculos.

Na medida que você constrói sua rede, deve manter sua marca pessoal em foco, perguntando a si mesmo questões críticas como:

- Qual é minha identidade? Qual é minha missão?
- Eu sou crível?
- Qual é minha história?
- Eu sou recíproco?

Qual é sua identidade?

Você pode polir sua marca pessoal sendo cuidadoso em como se apresentar e sendo claro ao falar sobre sua identidade. Marshall Goldsmith trabalha para manter sua marca pessoal, e, como resultado, teve publicado seu perfil no *The New Yorker*, no *The Wall Street Journal* e em várias outras publicações. "Em termos de marca pessoal", Marshall me contou, "a primeira coisa é ter uma missão clara e uma identidade. Minha missão é ajudar líderes bem-sucedidos a obter mudanças positivas a longo prazo, seja em relação ao próprio comportamento, seja o comportamento de pessoas em relação a seus times. Eu sei o que é isso, porque é exatamente o que eu faço. Peter Drucker disse-me: "Sua missão é algo que você pode estampar numa camiseta". Uma missão clara, simples, focada, uma identidade bem definida. Não tente ser tudo para todo mundo".

DICA ▸ *Defina sua missão numa sentença curta e clara que caiba numa camiseta.*

Você é crível?

Sua marca pessoal deve começar pelo que você é e o que faz. E deve ser baseada no real, não pode ser inventada. De acordo com Marshall:

> "A parte mais difícil é construir credibilidade. A maneira como você a constrói resulta de como fala, escreve e investe a longo prazo em sua própria marca. A maioria das pessoas não faz investimentos em suas marcas pessoais porque não dão retorno financeiro rápido e tampouco se pagam. Ao produzir minha marca, eu busquei ser um líder especializado no mundo. Ser um líder especializado em alguma coisa não é tão difícil assim quanto parece. Meu objetivo era ser o professor mais respeitado do mundo para ajudar líderes a obterem mudanças positivas de comportamento a longo prazo. Portanto, foi nisso que me foquei para agir: ser um especialista mundial naquilo que faço."

Vince Perro acha que a essência é mais importante do que a habilidade do *marketing* quando o assunto é polir a marca pessoal. Conheci Vince através de um de meus diretores executivos que costumavam trabalhar para ele na Sibson Consulting. E ele me disse:

> "Acho que você pode criar uma marca para si mesmo de duas maneiras: uma, através de muito conteúdo – e um bom exemplo disso é Ram Charan (o autor de diversos *best-sellers* sobre gerenciamento), que escreve sobre assuntos corporativos e condições de negócios. Eu acho que é por isso que ele conseguiu uma marca pessoal bastante forte. A outra forma é através de muito *marketing* e auto-promoção. Não estou convencido de que a última seja uma forma sustentável para se construir uma marca pessoal. Acho que, para a pessoa comum, sua marca pessoal vem de sua reputação ao lidar com os outros e com as instituições com as quais mantém contato."

E isso não se baseia no *marketing*, mas em sua performance ao lidar com os outros. Você fez seu trabalho e pagou suas dívidas? Mantém suas promessas? Vive de acordo com suas expectativas?

Outro aspecto ligado à credibilidade envolve ser você mesmo, ser genuíno. Você não pode desenvolver uma marca pessoal forte se ela não diz respeito à sua pessoa real. Quando perguntei a Nisha Advani, da Genentech, quais as chaves para o sucesso do *networking*, ela me disse: "A primeira, em minha opinião, é ser apenas genuíno. Eu de fato tento ser quem sou para que isso seja transmitido aos outros. Confio nisso quando me exponho para as pessoas, tenho interesse verdadeiro por elas, isso faz as conexões se estabelecerem". Redes de relacionamentos envolvem relacionamentos reais, o que significa que sua marca pessoal deve ser genuína e crível.

Sua credibilidade é sua característica mais importante para reforçar sua marca – cuidado para nunca arruiná-la. Como Jim Kouzes me disse: "Você deve – se realmente deseja desenvolver uma rede de relacionamentos que dure e facilite o desenvolvimento de novos contatos e muita credibilidade – apresentar-se da forma que você (e sua mãe!) gostaria de ver refletida daqui a cinco, dez ou vinte anos, a partir de agora".

Lembre-se: você está sempre num palco. Comportamentos descuidados podem causar retornos desconfortáveis, especialmente no mundo de hoje, com a agilidade da internet. (Falarei mais a respeito de comportamento *online* no capítulo 9).

Sua credibilidade pessoal precisa ser aprimorada por dois outros mecanismos que discuti no capítulo 2: credibilidade orbital e efeito de glória, já que ambos enriquecem e melhoram sua credibilidade através da associação com projetos e pessoas que são críveis por elas mesmas. Marshall Goldsmith foi muito sincero sobre a construção da marca:

> "A segunda coisa a fazer em relação à construção de sua marca pessoal é trabalhar com pessoas que estejam no topo do mundo. Eu tive o privilégio de trabalhar com Richard Beckhard, Paul Hersey, pessoas que me ajudaram muito. Seu chefe, Jim Bolt, é uma das razões pelas quais estou onde estou hoje. Não tenho problema nenhum em dar crédito a ele. Jim Bolt me ajudou muito antes de eu me tornar rico e famoso. Portanto, Jim Bolt me ajudou, Peter Drucker me ajudou, Paul Hersey me ajudou, Frances Hesselbein me ajudou – essas são todas as pessoas que me deram apoio."

Lembra-se de Michael Drapkin, que exercita seu *networking* tanto nos círculos de negócio quanto nos de música clássica? Ele usava o efeito da glória para ganhar credibilidade num mundo onde possuía pouca experiência:

> "Quando eu estava fazendo minha pesquisa com empreendimentos musicais, não possuía credibilidade real junto à comunidade da mais alta educação em música. Muito embora eu tenha presidido um programa na Universidade de Columbia, foi em *e-commerce*, e não em música. E, na urgência em conseguir investidores, eu criei uma fundação sem fins lucrativos chamada *The Foundation for Entrepreneurship in the Arts*. Criei também um quadro consultivo de várias pessoas que podiam me dar conselhos e credibilidade. Se você der uma olhada no quadro consultivo em questão, trata-se de um grupo estelar de iluminados, pessoas que me deram muita credibilidade e me ajudaram a levar meus objetivos à frente."

Qual é sua história?

Nós nos conectamos aos outros através das histórias que contamos. Quando você conhece novas pessoas, elas querem saber quem você é e por que está ali. A melhor maneira de se apresentar não é puxando um currículo da bolsa, ou citando uma lista de fatos, mas contando a elas uma história que revele quem você seja num nível totalmente pessoal. "O poder da rede de relacionamentos está na narrativa de uma história, de uma maneira ou de outra", Richard Leider me disse. "As pessoas têm tanta fome, que elas estão quase desesperadas por contar histórias, para serem ouvidas. Você entra em qualquer café hoje e escuta as conversas ao lado, são pessoas derramando histórias". Narrativas de histórias devem se focar em você, não em outras pessoas – o que seria, essencialmente, fofoca.

Marshall Goldsmith me disse: "Em vez de falar de outras pessoas, não seria legal se nos contentássemos com nossas próprias histórias? Eu tenho de ter uma mensagem para entregar. Estou sempre trabalhando nela e tentando melhorá-la ainda mais, mas, no início, eu não tinha uma mensagem boa".

Histórias permitem que você se relacione com as pessoas num nível mais profundo. "Quando você tem um encontro", Richard me disse, "alguém começa com uma história, e a transparência ou a honestidade dela deve convidar às histórias do outro, ao final das quais as pessoas dizem: isso foi muito bom".

Quer você ache que seja um bom narrador ou não, a única maneira de melhorar é praticando. Não há outro jeito de contar uma história. Conte sua história de um modo que funcione você, e continue refinando e praticando-a. Ao longo do tempo, você vai ficar cada vez melhor e contar sua história. Apenas faça com que ela seja genuína.

Você é recíproco?

Aqui está a palavra "recíproco" outra vez. No mundo do *networking*, ela não vai embora. O fato é que, falhar em ser recíproco, em dar retorno, pode ser muito prejudicial para sua marca pessoal. Você pode terminar com uma imagem vívida, mas muito negativa. Por outro lado, dar o primeiro passo pode fornecer um grande salto para sua marca pessoal. Seja voluntário para ajudar sem ter sido solicitado a fazê-lo. Funciona mesmo. Já falei muito sobre o valor da reciprocidade, então não preciso entrar em mais detalhes. Apenas lembre que ela pode ter uma influência poderosa em sua marca pessoal.

Conclusão

Sua marca pessoal é uma das influências mais valiosas que você possui. Cultive-a, faça-a crescer e proteja-a. Sua marca pessoal é um bom nome, e, como Shakespeare escreveu:

> ***"Mas aquele que surrupia de mim meu bom nome***
> ***me rouba daquilo que não o enriquece***
> ***e me faz pobre de fato."***
> (*Othello*, ATO III, CENA 3)

Como vimos, construir sua marca pessoal envolve clareza de identidade e missão, estabelecendo credibilidade, fazendo com que saiba contar sua história e tendo certeza de que você doa muito mais do que recebe. No próximo capítulo, vamos dar uma olhada na criação de outro trunfo valioso: seu quadro pessoal de diretores.

Protegendo sua marca: os prós e os contras dos relacionamentos

A etiqueta do *networking* pode elevar ou destruir sua marca. Você pode construir experiência em sua área, desenvolver uma forte identidade e missão, e saber contar uma história perfeita que revele quem você é, por que está aqui e para onde está indo – mas tudo isso de nada adianta se faltam modos à sua rede de relacionamentos. Acompanhe os prós e contras.

Os prós

1. *Conecte-se com todos os membros de sua rede ao menos uma vez por ano – ou, melhor ainda, a cada seis meses.* (Aniversários e feriados são uma ótima maneira de fazer contato). A ausência pode endurecer o coração, mas em redes de relacionamentos, faz com que a marca se enfraqueça. E, se você se conecta com as pessoas apenas quando precisa de algo, você violará a próxima regra.
2. *Seja recíproco com os membros de sua rede; dê sempre o primeiro passo.* Não precisamos mais falar nisso.
3. *Seja claro e conciso naquilo que pede a um membro de sua rede.* De acordo com Barbara Howes, você precisa dizer: "Como posso lhe ajudar? Como você pode me ajudar? O que temos em comum?". As pessoas não levarão a sério se você estiver se relacionando sem um propósito, o que Barbara chama de "relacionamento de festas de coquetel".
4. *Pergunte a membros de sua rede sobre as pessoas que deseja conhecer.* Esta é uma das melhores maneiras de expandir a qualidade e quantidade de sua rede de relacionamentos e tomar vantagem do efeito de glória, que pode realmente impulsionar sua marca pessoal.
5. *Comporte-se bem – seja extremamente educado e agradecido com os membros de sua rede.* Se quer que as pessoas lhe recomendem e se refiram a você, é preciso ganhar a confiança delas.

6. *Seja sensível em relação ao tempo.* Como Bill Moron nos disse no capítulo 3, *networkers* eficientes são considerados pessoas atarefadas. É questão de ser profissional.
7. *Limite suas bebidas alcóolicas.* Em um evento do qual participam pessoas de sua rede de relacionamentos, preste muita atenção à quantidade de álcool que você estará ingerindo.

Os contras

1. *Não envie* e-mails *explosivos (um* e-mail *com o nome de todos na lista de cc) para sua rede; envie* e-mails *individuais, mesmo que eles contenham a mesma mensagem.* Ninguém fica feliz de entrar numa lista com dezenas de nomes. E nunca envie aos membros da rede piadas ou *charges* políticas, exceto se os conhecer muito bem, incluindo suas crenças e visões de mundo.
2. *Não transforme um evento de rede em uma chamada de liquidação.* Se você está constantemente vendendo alguma coisa, essa atividade vai se tornar parte de sua marca e esfriar as pessoas. Nisha Advani, como muitos, realmente tenta evitar "esse bombardeio de pessoas tentando vender alguma coisa".
3. *Não use gírias ou palavrões na comunicação com os membros de sua rede – ou seja, exagerado na pontuação gramatical.* É uma questão de ser profissional, o que conta a seu favor.
4. *Não queime conexões.* Jack Rosenthal me contou: "Não importa em qual cargo você esteja, o mundo é muito pequeno. Já vi pessoas queimarem conexões e depois terem de reconstruí-las".
5. *Não fofoque.* Se as pessoas escutarem você fofocando a respeito de outras, vão assumir que você faz isso a respeito delas e vão manter distância de você. É bom falar das outras pessoas, mas de uma maneira agradável.
6. *Não se aproprie dos holofotes.* Enquanto é importante contar sua história, você também precisa deixar os outros contarem as deles. Você precisa demonstrar interesse verdadeiro nos outros para construir relacionamentos.

5

Para penetrar na "Zona de Conexão"

Neste ponto de minha vida, eu entrei no mundo rarefeito da "Zona de Conexão". Não há praticamente mais nada que eu possa fazer ou que precise obter através de minha rede de relacionamentos. Essa rede cresceu tanto e tão profundamente que eu posso me agarrar a ela para que me dê suporte pessoal e profissional, e até mesmo me ajude a influenciar positivamente a sociedade.

O que você pode conseguir quando está na "Zona de Conexão"? A resposta é: absolutamente qualquer coisa! Este livro é o resultado disso. Mas a "Zona de Conexão" pode ir além, muito mais adiante do que se conseguir escrever e publicar livros. Quando entrevistei o especialista em liderança e autor de *best-sellers* Jim Kouzes, ele me contou a seguinte história:

> "Eu me lembro quando entrevistamos Don Bennet, que foi a primeira pessoa com um membro amputado a escalar o Monte Rainer. Don respondeu a uma pergunta de uma maneira memorável. Quando lhe perguntei qual a lição mais importante que ele tinha aprendido ao escalar a montanha (14 mil pés de altura), com uma perna e duas muletas, ele me disse: 'Você não consegue fazer aquilo sozinho'. E completou: 'Eu não teria conseguido chegar ao topo se não fosse pelo meu time de escalagem, e não estaria vivo aqui hoje se não fosse por minha família'. E acho que devemos nos lembrar disso todos os dias – que não se consegue nada sozinho."

Quando você possui um time que lhe dá apoio, você pode fazer praticamente qualquer coisa – até mesmo escalar o Monte Rainer com uma perna e duas muletas. É claro, trabalho em equipe sempre foi importante, mas hoje é diferente. Muitas pessoas com as quais entrevistei para este livro foram enfáticas quanto às experiências da chamada geração *boomer* em oposição às atuais X e Y. Os *boomers* e a geração que os precedeu foram trabalhar para organizações e esperavam ficar lá até a aposentadoria. As organizações providenciaram para eles redes de relacionamento já prontas. "E, como resultado, eles tenderam a formar relacionamentos muito próximos com instituições", disse Tammy Erickson. Ela conduz o Concours Institute, um grupo de pesquisa que foca a mudança da força de trabalho e as maneiras inovadoras de se mudar relacionamentos entre empregados e corporações. "Eles se sentiam confortáveis com o governo, com as instituições pró-corporativas, por isso tinham a expectativa de que iriam fazer parte dessas instituições por toda a carreira. Portanto, relacionamentos, nesses casos, tinham mais a ver com sucesso dentro da instituição, à medida que se subia na hierarquia corporativa e na carreira".

Agora, ninguém espera – ou quer – um emprego para toda a vida. Os atuais profissionais de carreira média, a chamada geração X, realmente não pretendem esperar pacientemente para chegar à posição de líder. Mais até, porque, ao crescerem, tiveram experiências muito diferentes das de seus predecessores. Tammy disse-me: "Eles cresceram em uma época em que os divórcios decolaram como foguetes, a taxa de desemprego era muito grande, assim com o remanejamento de pessoal e as mudanças sociais. Eles ficavam em casa sozinhos durante a tarde, e, em muitos casos, passavam a tarde com os amigos. Essa situação, portanto, desenvolveu uma geração de pessoas que tende a manter e valorizar muito fortemente suas ligações com os amigos – em muitos casos, mais até do que com membros familiares, e, em quase todos os casos, mais do que com corporações ou instituições".

Hoje, estamos menos acorrentados às organizações e às suas redes de relacionamentos. Hoje, devemos construir nossas próprias redes – criando nossos próprios termos –, exercitando por conta próprio nosso *networking*, e assim nos movemos para a "Zona de Conexão".

Para se ter idéia do que é estar numa "Zona de Conexão", vamos jogar um jogo chamado "Um grau de separação". Você já deve ter ouvido o termo "seis graus de separação", utilizado para descrever um cenário em que cada um de nós está a seis pessoas de distância das outras no mundo. Ao mesmo tempo em que acho essa idéia interessante, não a considero útil quando penso em redes de relacionamentos eficazes. Conectar-se a seis pessoas diferentes para se chegar a alguém que você deseja conhecer consome tempo demais e é pouco prático. Por outro lado, pensar na pessoa que você quer conhecer baseado em quem são as pessoas de sua rede é algo mais direto. Pergunte a seus contatos quem eles conhecem e quais conexões podem querer fazer por você. Você pode melhorar radicalmente a qualidade e a quantidade de sua rede com alguns poucos passos. É divertido ver também se você está a um passo de alguma celebridade famosa. Por exemplo, meu cunhado trabalha para o ex-presidente Bill Clinton, então, estou a um passo dele, da senadora Hillary Rodham Clinton, e de uma gama de outras pessoas interessantes que meu cunhado encontra no trabalho.

> Você está na "**Zona de Conexão**" quando desenvolveu conexões profundas com uma rede de alta qualidade, tão extensa que pode se apoiar nela para conseguir o que quiser.

Para levar sua rede ao próximo nível

Você deseja penetrar na "Zona de Conexão"? Se positivo, sugiro que você desenvolva relacionamentos mais profundos; conecte-se com uma rede extensa e diversa de pessoas; e desenvolva seu próprio quadro de diretores.

Desenvolvendo melhores relacionamentos

Falei aqui da importância de se construir relacionamentos verdadeiros, enfatizando que a qualidade tem mais valor do que a quantidade, e expliquei também a importância de se atualizar o *networking* com amigos e conhecidos. Estou retornando ao assunto porque é neste ponto que as pessoas tendem a falhar. Elas não dão a devida continuidade aos relacionamentos, não se abrem o suficiente e não produzem conexões humanas profundas com os membros de sua rede.

Rick Smith é o fundador da empresa de *networking* W50 e co-autor de *The five patterns of extraordinary careers*. Ele me disse que a maioria das pessoas pratica o *networking* de maneira errada. De acordo com Rick: "Poucas pessoas praticam-no corretamente e bem. As pessoas tendem a relacionar-se ou alimentar suas redes apenas quando precisam de alguma coisa – algo que vai de encontro ao que garante o sucesso na prática do *networking*". Joanne Black também falou de relacionamento pouco enriquecedores:

> "As pessoas não sabem interagir entre elas quando vão a um evento. Ou ficam em pé nos cantos de uma sala, como quando estavam num baile de formatura e eram tímidas demais para se pronunciar, ou ficam com as pessoas que vieram com elas porque assim sentem-se mais confortáveis. Ou, ainda, decidem se lançar no meio

do salão e conhecer quantas pessoas puderem, a fim de distribuir o maior número possível de cartões de negócios. Isso não é verdadeiro e qualquer um percebe.

Consigo identificar essas pessoas em qualquer evento, o que me ipulsiona a ir justamente para o outro lado, longe delas, porque sei que vão solicitar meu cartão. Não quero o cartão delas, porque sei que, no dia seguinte, vou receber um *e-mail*, quando será tarde demais, em que me dirão: "Foi ótimo lhe encontrar em tal e tal evento e aqui está o que eu faço. Se você conhecer alguém que se beneficiará de meus serviços, por favor, encaminhe este *e-mail*, obrigado". Bem, então eu pergunto: será que eu faria isso?

O problema é que muitas pessoas tratam as redes de relacionamentos e a prática do *networking* como um jogo, quando na verdade é exatamente o contrário. "Muitas pessoas", Joanne continua, "acham que estão em uma competição ou concurso sobre quantos cartões podem colecionar. Elas estão equivocadas. O certo é conhecer pessoas e estabelecer relacionamentos fortes".

Relacionamentos são importantes porque são a razão básica de as pessoas ajudarem umas às outras. Jim Kouzes, por exemplo, me disse: "Eu conheço muita gente que me envia *e-mails*, solicitando algo de mim. Se eu não mantenho relacionamentos com elas, não há razão para confiar naquela pessoa, por isso, não estarei, ao menos inicialmente, oferecendo a elas muita coisa. Eu posso reconhecê-las e ser educado, mas não vou entravar com elas um relacionamento imediato seja em qualquer tipo de negócio". Joanne Black concorda: "Referências são baseadas em relacionamentos. Você não vai se referir a alguém a menos que o conheça e confie nele porque há um reflexo de você mesmo quando se refere a outra pessoa. Não vou me referir a você conquanto não lhe conhecer pessoalmente, saber de seus valores e ter certeza de que você faz um trabalho bom e honesto".

De que maneira você avança para além da troca de cartões e mantém transações únicas para desenvolver relacionamentos verdadeiros? A seguir estão alguns conselhos de *networkers* profissionais:

- *Primeiro, encontre interesses em comum.* Como John Foster, da IDEO, me disse: "Se eu conheço alguém, estou muito interessado numa conexão real, autêntica e pessoal a respeito de alguma coisa que interesse a ambos. Por isso, geralmente faço perguntas do tipo: 'O que você faz? Há quanto faz o que faz? No que está interessado? Quais são suas expectativas?'".

- *Trave conversações verdadeiras com as pessoas.* Você precisa ir além de simplesmente dizer: "Aqui está meu cartão". Como Joanne Black me disse: "Meu objetivo, quando vou a um evento de relacionamentos, é ter de três a quatro conversas substanciais, ponto final. Se faço isso e consigo depois me relacionar com aquela pessoa por telefone, por *e-mail* ou mesmo em outros encontros, está ótimo para mim. Foi uma noite proveitosa". E Jim Kouzes avisa: "Nossas conversas iniciais com as pessoas tendem a ser muito rasas. É só quando você vai além da mera formalidade que consegue a coisa verdadeira. Você precisa querer ser mais aberto".
- *Fique em contato com as pessoas, cara a cara.* Não pense que um *e-mail* anual vá construir um relacionamento. "Acho importante gastar um tempo almoçando de vez em quando, estabelecendo contatos cara a cara", John Foster me disse. "Há certas pessoas com as quais trabalhei ao longo dos anos e que continuam a me ajudar a criar oportunidades, então, fico conectado a elas via *e-mail*, e, de vez em quando, nos encontramos para um almoço, um café, ou algo assim".
- *Mantenha-se focado.* "Costumo estar tão atolado de coisas que realmente não busco nenhuma outra informação", Rick Smith disse. "Quero menos informação, embora queira a informação *certa.* E eu não desejo necessariamente conhecer mais pessoas. Quero apenas focar meu tempo em conhecer as pessoas certas e ter relacionamentos mais ricos com esses indivíduos. Estou muito mais interessado em me conectar às pessoas, independentemente de serem influentes ou não. e, se há uma conexão autêntica, real, então tento conduzir esses relacionamentos e essas amizades, tentando descobrir como eu posso ser útil a elas". E isso nos traz de volta à nossa velha amiga – a reciprocidade –, dar retorno ou dar o primeiro passo.
- *Dar retorno ou dar o primeiro passo.* Vamos ouvir Rick outra vez: "As pessoas bem-sucedidas que já vi sempre são focadas no seguinte pensamento: 'O que é que posso fazer para ajudar alguém sem necessariamente esperar retorno?'. Nós escrevemos a respeito disso em nosso livro *The five patterns of extraordinary careers* em uma área chamada 'liderança benevolente', em que os líderes se focam no sucesso de seus pares e subordinados, tanto quanto em seu próprio sucesso. Assim como o *networker* que está constantemente procurando saber como ajudar outras pessoas, você basicamente ergue esse exército de pessoas influentes que estão em débito com você, seja de uma maneira ou de outra, seja mais cedo ou mais tarde – e isso se você realmente desejar

se envolver, porque essas pessoas têm interesse em lhe ajudar. Mas, mais poderoso ainda, é quando você não tem idéia de que elas estejam em posições de poder e elas saem de seus lugares para lhe ajudar em algo que você nem esperava".

Estar na "Zona de Conexão" depende de ter relacionamentos verdadeiros com as pessoas, não ter centenas de nomes na agenda de seu celular. Pergunte a si mesmo: "Quando eu encontrar pessoas de minha rede, o que elas falarão?" Se as pessoas não ficam felizes em ouvir a seu respeito quando você as procura, então precisa colocar mais energia em seu relacionamento com elas.

DICA ▸ *Não caia na armadilha do* e-mail. *Procure conectar-se com as pessoas de sua rede cara a cara, ao menos uma ou duas vezes por ano.*

Aumentando sua diversidade

Se você tem vinte e poucos anos – faz parte da chamada geração milênio –, você provavelmente sabe tudo sobre diversidade. De acordo com Tony DiRomualdo, que fundou a Next Generation Workplace, empresa focada no entendimento às pessoas autocentradas e às organizações de alta performance, os milênios são "a primeira geração onde a diversidade não é um conceito; é o que vivem e consideram absolutamente normal". Se você é um membro dessa geração, parabéns. Para o restante de nós, diversidade é uma coisa com a qual ainda devemos trabalhar. Falei sobre diversidade antes, mas, uma vez que se trata de algo com o qual as velhas gerações não cresceram, provavelmente vale mais a pena falar mais dela aqui.

Diversidade é importante por uma razão muito simples. As pessoas com redes de relações diversificadas são mais bem-sucedidas do que aquelas sem grande variedade. Jim Kouzes me disse: "O primeiro princípio que digo às pessoas é baseado em nossas pesquisas: as pessoas que possuem redes diversificadas e extensas são mais propícias a serem bem-sucedidas do que aquelas que têm redes rasas e pequenas".

DICA ▸ *Pessoas com redes diversificadas são mais bem-sucedidas do que aquelas que não as têm. Conecte-se com a maior variedade de pessoas possível.*

Na verdade, mesmo que você seja bem-sucedido, relacionamentos com diversas pessoas se tornam cada vez mais importantes à medida que sua carreira progride. "O sucesso pode trazer seus próprios problemas", disse-me o consultor de pesquisa Jeff Rosenthal. Segundo ele, as pessoas tornam-se tão ocupadas que perdem o contato com os amigos: "À medida que as pessoas crescem numa organização, elas tendem a prestar menos atenção às redes de relacionamentos e ficam mais isoladas. Não digo necessariamente isoladas dentro da organização; também quero dizer isoladas de sua comunidade". Rob Cross, pesquisador da Universidade da Virgínia, disse que lutar contra o isolamento é importante: "Nós focamos nossa pesquisa em profissionais de alta performance, em mais de 50 organizações. O que a alta performance parece fazer é ter a necessidade de administrar o isolamento. Isso porque não é permitido aos grupos do topo que fiquem próximos, então eles recebem as mesmas informações o tempo inteiro. Há pessoas que continuam a acreditar que as oportunidades desse jeito irão emergir, enquanto outras simplesmente não acreditam nisso. Eles apenas focam tudo de maneira mais estreita". Richard Leider acrescenta: "O isolamento é fatal a longo prazo".

Os benefícios de uma rede diversificada são claros para aqueles que são afortunados o bastante para possuí-las. John Zapolski, do Management Innovation Group, explica como uma rede de relacionamentos com um grupo diversificado pode levar a resultados inesperados – você pode encontrar coisas valiosas que nem estava procurando: "Relacionamentos me levaram a todas as direções possíveis, freqüentemente a lugares certos, nas horas certas, com as pessoas certas".

Michael Drapkin dá um bom exemplo das imensas oportunidades que podem vir de redes de relacionamentos diversificadas: "Por exemplo, em conjunto com minhas atividades musicais empreendedoras, eu me uni ao College Music Society, lançando a proposta de apresentar um currículo empreendedor que desenvolvi visando escolas musicais. Bem, ele foi aceito, mas quando foi aceito, fui contatado por uma mulher chamada Judith Coe, que estava em um dos comitês e muito interessada naquilo que eu estava desenvolvendo. Nos encontramos, e, através do contato com ela, conheci milhares de outras pessoas, muitas das quais tornaram-se palestrantes na conferência que eu organizei no último verão na Carolina do Norte". Ele sugere que você dar diversidade à sua rede de relacionamentos ao "se juntar tanto a grupos de usuários ou associações profissionais, onde pode fazer um grande número de contatos".

John Foster disse: "Rede de relacionamentos estão se tornando mais e mais importantes como meio de navegar em um mundo cada vez mais complexo". A diversidade é a chave. Enquanto tudo cresce, você pode perder oportunidades se não tiver acesso a pessoas que conhece e que sabem o que você não sabe, que vêem o mundo de maneira diferente e prestam atenção a coisas diferentes. Horizontes limitados podem ser perigosos.

Você quer os benefícios de uma rede de relacionamento diversificada? Então não fique estacionado em sua zona de conforto. Considere as oportunidades de encontrar pessoas em diferentes circunstâncias, mesmo aquelas com as quais você é menos familiarizado. Conheça pessoas que trabalham em áreas totalmente diversas da sua. Não limite essas pessoas apenas à sua rede de trabalho. A adição de gente nova irá lhe ajudar a resolver os problemas e a melhorar aspirações de sua carreira. Provavelmente, isso também vai fazer com que se sinta melhor, uma pessoa mais bem-realizada.

Criando seu quadro pessoal de diretores

O próximo passo para entrar na "Zona de Conexão" é criar seu próprio quadro de diretores. Lembre-se como minha primeira empresa, a Insync, fracassou porque meu sócio e eu não possuíamos experiência de negócios ou mesmo educação na área? Eu acredito que a Insync teria tido sucesso se tivéssemos criado um quadro de diretores da empresa composto por experientes homens de negócios. Aprendi com essa experiência: na Executive Networks, tomei bastante cuidado em reunir o melhor dos melhores para minha mesa, para meu quadro de diretores.

Agora, se um negócio consegue muitos benefícios a partir de um grupo de pessoas vivenciadas, por que isso não funcionaria para um indivíduo? Bem, funciona sim! A maioria dos *networkers* que entrevistei para este livro possuía algo como um quadro de diretores pessoal, embora grande parte não lhe desse esse nome. Vince Perro me disse: "Todo mundo precisa de quadros. Certamente todos nós temos pessoas que conhecemos ao longo dos anos – vários mentores e colegas de negócio a quem pedimos conselhos – e certamente eu fiz isso também. Sempre tive sorte suficiente em contar com uma variedade de pessoas que fossem capazes de me oferecer conselhos pessoais sobre carreira e outros assuntos relacionados a negócios – e isso é algo pelo qual sou muito grato".

Jeff Rosenthal disse-me: "Eu tenho sete ou oito pessoas em minha mesa de diretores. Elas mudam ao longo do tempo, mas tenho a tendência de ficar em contato com elas por muito, muito tempo. Tenho muita lealdade por essas pessoas que, por qualquer razão, têm me ajudado a construir meus relacionamentos pessoais mais sólidos. Portanto, a idéia de que você tem pessoas que conhece, que confiam em você, em quem você confia, que entendem você, que você pode usar para seu quadro pessoal de diretores é de fato algo que ajuda muito".

Quando perguntei a Jim Kouzes se ele possuía um quadro pessoal de diretores, ele respondeu prontamente: "Eu tenho e nem sempre eles são os mesmo indivíduos. Uma de minhas parcerias mais próximas é com meu co-autor, Barry Posner. Barry é esse alguém com quem me sinto absolutamente confortável para falar sobre vários dilemas, assuntos pessoais, mudanças de carreira etc. Ele sempre foi ótimo conselheiro e amigo. Quando hoje penso em qualquer mudança pessoal ou profissional, é sempre minha mulher a quem recorro. Também uso um grupo denominado Learning Network e alguns de seus membros, como meu bom amigo Bill Bridges, para dividir aspirações futuras e falar sobre o passado, e, no contexto em questão, ouvir algum bom conselho".

Se você parar para considerar, você provavelmente vai perceber que já possui um quadro pessoal de diretores informal – pessoas de quem algumas opiniões você valoriza e cujos conselhos você procura de tempos em tempos. O propósito de um QPD é expandir essa rede de relacionamentos e de trabalho de maneira mais focada.

Conselho esperto, dado no momento certo, pode ser de ajuda inestimável para sua vida pessoal e profissional

> Um **Quadro Pessoal de Diretores**, ou **QPD**, é semelhante a um quadro corporativo de diretores. É um grupo de pessoas que se importam com você e podem fornecer conselhos e dicas para sua vida. Os membros de seu QPD podem mudar ao longo do tempo, mas algumas pessoas (como sua mãe ou seu irmão) provavelmente ficarão em seu QPD para sempre.

Diferentemente de um quadro corporativo, seu QPD não vai se encontrar para reuniões formais. Em vez disso, você vai contatar cada indivíduo para um conselho ou discussão sobre um assunto particular quando a necessidade surgir. Você pode contatar diversos membros, ou apenas um – a pessoa que você sente ser um especialista ou que dará um grande conselho. Alguns membros podem lhe dar conselhos valiosos a respeito de sua vida pessoal, enquanto outros podem ser *experts* em seu campo profissional.

Eu sugiro que você limite seu QPD de seis a dez membros. Exatamente como um quadro corporativo, membros demais podem dificultar o engajamento e gerenciar as coisas de maneira ineficiente. Manter contato a cada três ou quatro meses com seu QPD é muito importante para que os conselhos sejam sempre eficazes e rápidos.

Escolhendo seu QPD

Se você mapeou sua rede de relações como eu sugeri no capítulo 1, pode usar este mapa para lhe ajudar a decidir quem, dentro de sua rede, você gostaria de ter em seu QPD. Eu sugiro que você forme seu QPD a partir de membros de sua rede já existente porque é importante ter pessoas que conhece muito bem, que se importam com você, e em quem confia o bastante para ser honesto e sincero a respeito de sua vida. As perguntas na caixa "Meu quadro pessoal de diretores" podem lhe ajudar a pensar em quem deseja para seu quadro pessoal.

Uma vez que possui sua lista, pode contatar cada pessoa, explicar o conceito de um QPD e perguntar se ele ou ela consentem com esse relacionamento. Você precisa ser claro a respeito do que quer de cada pessoa e descrever exatamente o que espera. Por exemplo, você pode precisar que os membros de seu QPD se reúnam várias vezes ao ano. Eles podem ser requisitados via *e-mail*, telefone, ou, talvez, através de uma reunião.

Meu conceito de QPD deve muito a Richard Leider, um dos maiores executivos do mundo. Richard chama esse quadro pessoal de "Quadro sonoro", tendo criado uma brochura com esse título. Richard foi muito gentil em nos permitir publicar parte dessa brochura (ver o Recurso A). Você também pode pedir cópias da brochura e saber um pouco mais do soberbo trabalho de Richard, acessando o site www.inventuregroup.com

Meu QPD inclui meu pai, minha esposa, um mentor de meu segundo emprego fora da universidade, um profissional em gerenciamento de carreira, um dos membros de meu quadro de negócios, o COO na Executive Networks, o fundador da Executive Development Associates, um de meus velhos amigos, meu melhor amigo e um primo. Essas dez pessoas são uma mistura de família, amigos e colegas de negócios. Todas são pessoas que se importam muito comigo, me conhecem muito bem, (do lado bom e ruim), e me fornecem conselhos valiosos e objetivos (algumas vezes brutalmente honestos). Os membros constantes de meu QPD têm sido minha família e amigos, enquanto os membros que mudam têm sido as pessoas de minha rede de relacionamentos.

A formação de um QPD nos faz voltar ao assunto da qualidade *versus* quantidade em uma rede de relacionamentos. Um QPD foca-se na qualidade e pode ser uma ferramenta extraordinária para influenciar sua rede, proporcionando benefícios tanto profissionais quanto pessoais.

Exatamente como em qualquer rede, lembre-se de que a reciprocidade é a chave para o sucesso. Se pedirem a você que seja membro do QPD de outra pessoa, você terá de ter a mesma consideração.

Produzindo junto

Ao ser parabenizado por outra vitoriosa temporada dos New York Yankees, o *manager* Casey Stengel soltou esta: "Não poderia ter feito nada sem minha equipe!" Enquanto isto parece óbvio, o que não é óbvio é que *ninguém* consegue fazer nada sem a ajuda de uma equipe. Uma observação mais atenta ao histórico de pessoas muito bem-sucedidas permite descobrir em suas carreiras uma rede de relacionamentos que lhe deu suporte para seguir em frente.

Você possui a habilidade de criar essa comunidade a seu redor quando entra na "Zona de Conexão".

Meu Quadro Pessoal de Diretores

1. Quem tem sido fundamental para me ajudar em meus desafios profissionais e pessoais?
2. A quem eu recorro quando enfrento um grande desafio?
3. Quem realmente se importa comigo?
4. Quem me dá conselhos e dicas objetivas?
5. Quem me compreende – minha experiência, minha vida e minha personalidade?
6. Em quem posso confiar quando enfrento problemas?
7. Quem eu considero um mentor?
8. Quem pode me ajudar a alcançar meus objetivos de vida e profissionais?
9. Quem, dentro e fora de minha rede, possui experiência, idéias ou experiência diferenciada que podem ajudar a ver os desafios sob outras perspectivas?
10. Quem eu respeito e escuto mais?

SEGUNDA PARTE:

Os diferentes tipos de *networking*

6

Conexão entre pares

Vamos agora mudar um pouco a direção das discussões. Nós abordamos as maneiras de desenvolver suas habilidades para criar, usar e manter redes de relacionamento a fim de praticar melhor o *networking*. Nos próximos capítulos, vamos focar as diferentes práticas e tipos de redes. As redes entre pares discutidas neste capítulo conectam fronteiras organizacionais. O capítulo 7 vai se dedicar às redes internas de organizações, e o capítulo 8, às comunidades baseadas em uma paixão ou preocupação em comum: as comunidades de prática.

Enquanto por definição as redes entre pares perdem a dimensão da diversidade (todo mundo possui a mesma ocupação), a de troca vale muito a pena. Como diz Jim Bolt: "A idéia central por trás das redes entre pares mais eficazes é 'nós todos aprendemos melhor, confiamos mais e compartilhamos experiências com pessoas de nosso nível e em circunstâncias semelhantes'". Há muito ganho quando um grupo de pares confiáveis troca experiências coletivas.

Quando especialistas em computadores falam em redes entre pares, eles se referem a redes sem nenhuma estrutura hierárquica: todo computador está no mesmo patamar. O mesmo acontece com as pessoas: em sua rede de pares, você é igual a todos. E a razão pela qual as redes entre pares são tão eficazes está no fato de criarem um ambiente seguro e aberto que ajuda a acelerar a aprendizagem e o desenvolvimento. A rede transforma-se num local seguro para os participantes discutirem abertamente com seus pares assuntos e desafios de importância individual e organizacional.

Se você pertence a alguma associação profissional, já é membro de uma rede entre pares. Milhares de associações profissionais cobrem virtualmente todas as ocupações concebíveis, de engenheiros mecânicos a professores escolares, de diretores de fotografia cinematográfica a cirurgiões plásticos, de botânicos a policiais e assim por diante. (Existe nos Estados Unidos uma enorme associação de pessoas que administram associações, a *The American Society of Association Executives*). Enquanto muitas dessas associações são grandes e diversificadas demais para serem chamadas de redes entre pares, quase todas possuem seções ou divisões centradas em grupos de interesses específicos, profissionais ou de vivência – e essas são todas redes entre pares. Muitas são inclusive organizadas regionalmente, permitindo a você conectar-se pessoalmente com seus pares em sua própria comunidade.

DICA ▸ *Se você pertence a uma sociedade profissional, mas só participa de encontros e reuniões anuais, procure se envolver mais. Procure por grupos de interesse que combinem com sua área ou por encontros mensais. Essas redes já prontas podem ser muito valiosas. Sua associação provavelmente possui um site onde informações desse tipo estão disponíveis.*

Uma **rede de relação entre pares** consiste de pessoas que, de certa maneira, são parecidas – geralmente baseadas em sua ocupação –, como, por exemplo, contadores públicos certificados, executivos de recursos humanos, CEOs de companhias milionárias ou estudantes pesquisando ciência política.

Outro tipo de rede entre pares é a rede profissionalmente gerenciada, que conheci bem cedo em minha carreira. Quando trabalhei na Conference Board, administrei redes entre pares. Enquanto administrava uma de minhas primeiras empresas, envolvi-me no gerenciamento de uma rede entre pares para gerentes chamada "Metamorphosis 2000". Mais tarde, na Concours Group, nós formamos uma das primeiras redes para funcionários-chefe de aprendizagem. Depois, quando comprei a EDA, Jim Bolt já estava conduzindo uma série de redes entre pares de executivos – e hoje, este é o foco completo de minha empresa, chamada agora de Executive Networks.

Rick Smith, que fundou a firma profissional de redes de relacionamentos W50, descreve a abordagem de sua empresa de redes entre pares:

> "Nós criamos grupos de 50 executivos não-competitivos. Foram feitos convites, por setor, e cada um deles pagou uma taxa anual para participar, o que permitiu criar um fundo através do qual pudemos formar uma equipe *sênior*, a fim de organizarmos discussões anuais. Formalmente, nós reunimos o grupo algumas vezes por ano, e, informalmente, existem oportunidades para colaboração com jantares, conferências, conexões diretas que fazemos com membros e não-membros, desde que tudo faça sentido. E, então, finalmente, depois de toda essa interação e conversação, nós desenvolvemos alguns conteúdos exclusivos que podem ser disseminados entre todos os membros. Portanto, de alguma maneira, é quase como criar uma consultoria, oferecendo aos 49 pares conselhos e avisos, de acordo com o que se lida."

A taxa anual que Rick mencionou anda bem. Por que as pessoas pagariam altas taxas para se juntar a uma rede quando tantas outras oportunidades estão disponíveis – muitas por um custo muito baixo e até mesmo de graça? Tammy Erickson, do Concours Group, explicou a razão, que chama de "função de tipo":

> "É verdade que você hoje pode se conectar com qualquer pessoa. Você pode ter uma gigantesca lista de *e-mails* e pode enviar todo tipo de comunicação às pessoas. Em muitos casos, a questão mais interessante é: qual o critério que você usa para focar suas atividades ligadas às redes de relacionamentos? Como você escolhe quem vai estar em sua rede? A vantagem de uma empresa como a Concours é que ela não apenas ajuda você com o processo de relacionamentos, mas também auxilia com a seleção, ao criar redes entre pares que lhe colocam em contato com as pessoas com quem você quer travar relacionamentos."

Qualquer que seja a forma da rede entre pares que se faça parte, você deve entrar. Redes entre pares podem impactar profundamente sua carreira e produzir enormes benefícios econômicos para sua empresa, como é discutido a seguir.

Como funcionam as redes entre pares

As redes entre pares podem assumir várias formas. Elas freqüentemente incluem componentes como os relacionados a seguir:

- *Reuniões.* São várias a cada ano, incluindo os seguintes elementos:
  - a apresentação do perfil de um dos membros de uma empresa individual;
  - proposição de um tema a ser discutido, incluindo a presença de um palestrante externo que atue como mediador de um conversação mais aprofundada;
  - oportunidade para cada membro falar sobre seu trabalho, de maneira a destacar o que pode vir a ser de interesse do grupo, passando a contar também com idéias, apoio e recomendações.
- *Site.* Um *site* privado pode ser criado para a comunicação e o relacionamento entre membros. Deve ser utilizado entre os encontros cara a cara.
- *Relacionamentos* online *entre pares.* Os membros podem enviar *e-mails* a todos os outros membros da rede, para perguntar sobre informações de interesse mútuo.
- *Teleconferências.* Relacionamentos são reforçados por teleconferências regularmente agendadas, a respeito de assuntos de interesse específicos.
- *Pesquisa.* Este componente pode incluir projetos de pesquisa aprofundados para melhor identificar as possíveis práticas a serem utilizadas.

Eu recomendo que você tenha ao menos uma rede profissional, uma rede entre pares que inclua responsabilidades de trabalho semelhantes às suas. Nesse fórum de baixo-risco, os participantes geralmente sentem-se muito menos pressionados a serem *experts.* Eles podem fazer perguntas e procurar por respostas sem o peso político e emocional freqüentemente presente quando esses assuntos são discutidos dentro de suas próprias empresas.

DICA ▸ *Muitos profissionais não fazem parte de uma empresa formal ou muito grande. Entretanto, com a ampliação do uso e abrangência crescente da internet, é fácil para empreendedores individuais encontrar redes entre pares. Faça uma busca e você vai encontrar uma miríade de oportunidades de redes entre pares. Também pode perguntar a colegas para lhe recomendarem alguma delas.*

Os benefícios das redes entre pares

Os participantes das redes entre pares geralmente dizem que esses fóruns fornecem uma experiência extremamente valiosa para o desenvolvimento, produzindo benefícios tangíveis de uma perspectiva pessoal e profissional, assim como outros desafios empresariais significativos. Exemplos incluem:

- Aceleração de inovação
- Redução de riscos
- Melhoria do uso de recursos
- Melhoria da qualidade
- Melhoria da efetividade individual e da satisfação no emprego
- Avanços

Vamos dar uma olhada mais atenta em cada um desses benefícios.

Aceleração de inovação

A velocidade das mudanças globais e as exigências crescentes da competitividade mundial solicitam das empresas uma grande aceleração em termos de inovações, assim como melhorias tanto das estratégias defensivas quanto ofensivas. Redes de relacionamentos favorecem essa aceleração, o que então dá mais agilidade e rapidez à capacidade de inovação da empresa como um todo.

O Dr. Richard O'Leary, diretor de recursos humanos, ciência e tecnologia na Corning Inc., comentou: "Um dos impactos-chave de meus relacionamentos está na aceleração da maneira como hoje é possível obter as coisas. Aumentou consideravelmente a velocidade de nosso trabalho".

Em alguns casos, os membros de redes de relacionamentos vivem esse impacto em um nível bastante pessoal, considerando suas habilidades em despender horas preciosas e até mesmo dias para obter informações sobre como melhorar suas práticas. Deborah Swanson, diretora nacional de desenvolvimento de talentos e organizações para a Sony Electronics, fornece-nos um exemplo dramático para salvar o tempo: "recentemente, pediram-me para ajudar a encontrar um consultor altamente qualificado que pudesse desenvolver melhores estratégias de vendas. Fui capaz de enviar um pedido à rede de referências pessoais e recomendação, e fui capaz de fazê-lo em poucas horas, ao contrário do tempo que levaria se eu mesma decidisse fazer a pesquisa".

Redução de riscos

Participantes de redes entre pares dizem que o valor de suas redes não está apenas no conhecimento que ganham a respeito das melhores práticas, mas na oportunidade de evitar "práticas piores" dentro das empresas. Exatamente como acontece na vida particular, os fracassos são freqüentemente tão instrutivos quanto os sucessos.

O nível de confiança estabelecido entre os membros da rede fornece grande abertura para diálogos, o que permite aos membros dividir seus fracassos, para que então o grupo inteiro possa aprender com eles, imaginando maneiras de evitá-los.

Melhoria do uso de recursos

A eficiência sempre foi importante, mas a crescente competitividade global vem tornando o controle e a redução de custos fatores críticos para a sobrevivência e o sucesso dos negócios. Os membros das redes entre pares com freqüência descobrem que as redes de relacionamentos reduzem seus custos e melhoram o uso de seus recursos de várias maneiras.

Primeiro, um bom *networker* entre pares pode fornecer consultoria gratuitas acessando as redes de seus pares. Quando os membros precisam mesmo recorrer a consultores, eles evitam os custos associados a essa busca. Além disso, suas empresas obtêm custos e melhorias com as práticas adotadas. Chuck Presbury, diretor sênior de desenvolvimento em liderança para a McGraw-Hill Companies Inc., lembra como sua participação em uma rede de relacionamentos possibilitou-lhe economizar milhões de dólares em uma decisão.

"Em minha firma anterior, estávamos nos primeiros estágios do desenho de um processo de desenvolvimento executivo e de liderança em alta-escala. O COO da empresa queria edificar um novo espaço físico (como o Crotonville, da GE), um ponto focal para a iniciativa. Coloquei essa questão para a rede e a resposta foi: 'Não faça isso!'. Empresas que construíram locais semelhantes alertaram para o fato de serem muito caros, levarem tempo para ficar prontos e acabarem por desviar o objetivo da missão. O conselho foi o de focar o dinheiro em programas, processos e pessoas, não em um prédio. Nós acatamos este conselho e economizamos algo em torno de dois milhões de dólares".

Melhoria da qualidade

Um dos maiores benefícios das redes entre pares é o impacto que elas têm na qualidade da empresa. Por exemplo, numa recente reunião de redes de relacionamentos, a chefe do departamento executivo para desenvolvimento de um grande banco americano disse que estava encarregada de um processo de seleção para o banco. Ela descreveu o processo como "o Oeste selvagem". Enfatizou que nenhum padrão de treinamento, métrica, critério de seleção ou de custos estava no lugar. Em outras palavras, o banco tinha um processo fora de controle, sem nenhuma qualidade de gerenciamento.

Para completar, a instituição estava gastando milhões em treinamento externo, mas ninguém tinha idéia quem eram os treinadores ou quanto o banco pagava por eles, nem mesmo quem recebia o treinamento. Depois que a mulher falou da situação a seus pares de rede, dois colegas disseram que eles haviam estado na mesmíssima situação recentemente. Ambos tinham passado os últimos seis meses organizando processos de treinamento para suas empresas – e ficariam felizes de mandar *e-mails* de seus planos. Assim, mediante essa informação e iniciativa, registrou-se uma economia de cerca de 200 mil dólares e, com certeza, uma grande melhoria de todo o processo de seleção.

Melhoria da efetividade individual e da satisfação no emprego

Pertencer a uma rede entre pares beneficia seus membros nos campos profissional e pessoal, de várias maneiras. Eles desenvolvem relacionamentos profissionais fortes, assim como amizades sólidas com pares verdadeiros de outras companhias líderes. Existem pessoas com problemas semelhantes, oportunidades e desafios. Saber que você possui um grupo de colegas confiáveis no qual se apoiar, onde conseguir ajuda e conselhos é como dinheiro no banco: sempre fornece dividendos.

Além do benefício individual, membros e suas empresas se beneficiam do constante suporte sobre o que as outras empresas estão pensando, planejando e fazendo. Como Ray Vigil, vice-presidente da Humana, notou: "Descobri redes de relacionamentos que não eram necessariamente valiosas para mim, mas eu passei a considerar minha participação nelas como uma atividade obrigatória visando meus planos de desenvolvimento".

Avanços

Redes entre pares fornecem a oportunidade de combinar recursos de especialistas-membros para encaminhar desafios de longa data da profissão em questão. Isso é inteligência coletiva.

Redes entre pares ajudam empresas a se adaptar com sucesso às rápidas mudanças da atualidade. Um grande número de executivos seniores reconhece que a habilidade em se relacionar será fundamental para líderes do futuro. Eles enfatizam que desenvolver poderosas redes de relacionamentos será crítico para o sucesso tanto dos líderes individuais quanto de suas empresas.

Essas tendências sugerem que investimentos inteligentes visando o desenvolvimento e o aprimoramento do Quociente de Rede, assim como melhorias em sua dimensão e qualidade, não serão apenas necessários, mas trarão recompensas pessoais e profissionais.

Avalie sua rede de relacionamento entre pares

1. De quantas redes de relacionamentos entre pares você participa?
2. Sua rede entre pares apresenta diversidade?
3. Com que freqüência você consulta sua rede?
4. Você recebe informações que lhe ajudam a aprimorar seu trabalho? Fornece informações úteis aos outros?
5. Existem maneiras que lhe permitiriam melhorar essas redes de relacionamentos? Por exemplo: suas redes precisam de reuniões bem planejadas, um *site* melhor, mais teleconferências? Você consegue empreender essas mudanças?

Crie ou junte-se a uma rede de relacionamento entre pares

Por que você precisa fazer parte de uma rede entre pares?

- *Você deve isso a si mesmo.* Redes entre pares é um antídoto contra o isolamento. Todos nós precisamos ser estimulados pelos melhores e mais brilhantes talentos de nossas áreas. Uma grande rede fornece esse tipo de estímulo através do compromisso existente entre os pares verdadeiros e por meio da exposição a consultores especializados, acadêmicos e pesquisas inovadoras. Uma rede de relacionamentos proporciona um porto seguro – um lugar para testar seu pensamento e idéias, fazer perguntas a colegas que estão ali para ajudar – e não julgar. Algumas pessoas encaram a participação nas redes entre pares como um assunto de sobrevivência da carreira, começando a inscrever membros em seus contratos de trabalho.
- *Você deve isso à sua empresa.* Por que você iria querer reinventar a roda quando poderia facilmente descobrir como outras empresas-líderes já resolveram o mesmo problema que enfrenta, ou criaram um processo inovador ou até um sistema similar? Nós todos temos a obrigação de nos mantermos lado a lado das últimas novidades, das melhores práticas, inovações e descobertas em nossa área. Sem dúvida, uma comunidade bem dirigida por espíritos semelhantes – pares unidos vindos das melhores organizações e dedicadas à divisão e à aprendizagem – é a maneira mais eficiente e o melhor custo-benefício para se compartilhar dessas informações.

Falamos aqui de *inteligência coletiva.* Esse compartilhamento de inteligências e experiências é uma das grandes forças da humanidade. Desde as primeiras divisões de habilidades, como o uso do fogo, os seres humanos empregaram sua inteligência coletiva para criar nossa complexa civilização. A Tecnologia da Informação (TI) está agora multiplicando esse compartilhamento de habilidades de maneira exponencial – e as redes entre pares tornaram-se parte fundamental para esse movimento coletivo.

7

Como estabelecer conexões organizacionais

Se você está muito bem em sua carreira, está feliz com seu progresso e prevê para si um futuro brilhante na empresa onde trabalha, pode pensar que redes de relacionamentos não são importantes para você. Afinal, você está avançando em um ritmo bom e não sente a necessidade de procurar oportunidades fora da sua organização – você sabe para onde está indo. Pode então pensar que a melhor coisa a fazer é manter sua cabeça focada em seu emprego: se brilha em seu trabalho, vai conseguir a próxima promoção rapidamente. Passar o tempo exercitando o *networking* seria apenas uma distração.

Por que estabelecer redes de relacionamentos organizacionais?

O fato é que toda organização, toda empresa, possui redes de relacionamentos difíceis de se localizar, porque são diferentes das que são apresentadas no quadro oficial da empresa. O quadro organizacional, o organograma, mostra quem faz o quê, quem se reporta a quem, mas não mostra quem *conversa* com quem, quem *sabe* o que e como o trabalho é realizado. A política também cumpre papel importante na vida de toda empresa e com freqüência afeta as decisões – sendo que a política muitas vezes flutua junto com as redes de relacionamentos.

Além disso, muitos negócios hoje se reestruturam para eliminar camadas médias de gerenciamento e outros quadros funcionais, por isso o que chamamos de "organização de redes de relacionamentos" se torna um fator-chave para as empresas no futuro. O trabalho hoje se organiza com base em redes informais e soltas, as quais se estruturam para produzir determinados tipos de negócios, muitos deles temporários, e que então se dissolvem logo que o objetivo é atingido.

Essas redes podem ficar ligadas por um ano ou mais se o efeito do negócio for complexo, ou podem se dissolver horas depois se tiverem sido simples. Pesquisas com redes de relacionamentos empresariais internas têm determinado que é fundamental para as pessoas possuir diversas redes de relacionamentos dentro de suas firmas. É também muito importante que as pessoas compreendam a dinâmica dessas redes, a fim de poder administrar o acesso a elas de forma ativa.

Você precisa prestar atenção às redes organizacionais como se sua carreira dependesse disso – porque, na verdade, depende. Você vai querer analisar conscientemente as redes organizacionais, de maneira a determinar quais redes são importantes para você. Para conseguir "ver" uma rede dentro de uma empresa, precisa saber como identificá-la, reunindo informação a respeito dela, para assim visualizá-la. Muito trabalho em cima disso foi feito ao longo dos anos por vários acadêmicos. Alguns dos melhores foram realizados por Rob Cross, da Universidade da Virgínia. Eu mesmo me deixei influenciar pelas idéias de Rob, que escreveu dois livros importantíssimos para a compreensão de como as redes de relacionamentos funcionam e operam dentro de um contexto organizacional.

Quando conversei com Rob, ele explicou por que é importante compreender as redes de relacionamentos organizacionais, especialmente se sua carreira está avançando e você está para alcançar o patamar sênior:

> "Você precisa ter certeza de que não está se isolando. Existe uma grande tendência nas empresas de as pessoas ficarem centradas demais em seus objetivos, e, à medida que sobem, deixarem-se consumir mais e mais, muitas vezes pelas mesmas demandas. Daí a contradição, porque quando justamente os líderes precisariam de mais conectividade, novas idéias, pensamentos inovadores e novas oportunidades, eles passam a ouvir continuamente as mesmas vozes. Nós sabemos que pessoas que lutam contra essa tendência e continuam a praticar o *networking*, quando não vêem uma oportunidade imediata, tendem a fazer muito melhor. Ao longo de sua carreira, elas são mais bem pagas, têm mais mobilidade e avançam de forma mais rápida."

E Rob ainda acrescenta: "Você precisa se focar na rede de relacionamentos antes de realmente precisar dela. Entre os profissionais de alta *performance*, os bons *performers* têm muito mais probabilidade de continuar a explorar possibilidades. Pode durar de um a dois anos até que algo surja no caminho, já que é bastante comum que interações de tempos atrás resultem em projetos especiais. E pode ter sido uma simples conversa num almoço, algo que foi muito bem capitalizado, já que essas pessoas sabem semear relacionamentos, e bem melhor do que quem possui redes mais limitadas".

Rob argumenta que relações são fundamentais nas organizações colaborativas de hoje, o que significa que você precisa passar mais tempo não apenas construindo redes de relacionamentos, mas analisando-as também. Entre o resultado desses esforços de reestruturação está o fato de a colaboração e o trabalho surgirem mais de relacionamentos informais do que formais, como os que se delineiam nos quadros das organizações ou nos procedimentos-padrão das operações empresariais. Compreender o alcance dessas redes invisíveis é o ponto central para o aprimoramento do *networking*. Rob acrescenta que sua pesquisa mostra que analisar redes de relacionamentos dentro das organizações pode ter um impacto significativo para a própria *performance*, aprendizagem e capacidade de inovação.

Analisando redes de relacionamentos organizacionais

Os tipos de redes organizacionais de que Rob fala não são representadas pelos números da agenda do seu celular ou endereços de *e-mail*. Para entender como as redes de relacionamentos de seu trabalho funcionam, quem faz parte delas e como elas se sobrepõem (ou falham em se sobrepor), você precisa fazer o que Rob chama de "Análise da Rede Organizacional" (ARO). A ARO envolve identificar um grupo estrategicamente importante ou um processo da organização que poderia ajudar a mapear e então identificar as conexões entre os membros do grupo. Qual é o fluxo de informação – para quem vai a informação? Quais são os relacionamentos mais poderosos? Quem verdadeiramente decide?

De acordo com Rob, essa informação pode ser reunida de várias formas, começando por se analisar *e-mails* a ter pesquisadores observando as pessoas por determinado período. Geralmente, o método mais eficiente é solicitar às pessoas que respondam uma pesquisa nesse sentido, ou seja, que ajudem a mapear relacionamentos das redes. Uma vez que a informação requerida foi reunida, você pode analisá-la usando uma variedade de diagramas de redes, que as representam visualmente, conforme se vê nas figuras 7.1 (na página 96) e 7.2 (na página 98). (Descrever toda a metodologia ARO está além do escopo deste livro. Mais informações podem ser obtidas no site de Rob: *www.robcross.org*. Lá, Rob também explica o que se pode conseguir com essa metodologia).

Introdução à Análise de Redes Organizacionais

A Análise das Redes Organizacionais (ARO) pode fazer uma espécie de raio-X do funcionamento interno de uma organização – trata-se de um meio poderoso para se entender o fluxo de informações invisíveis assim como os grupos estratégicos visíveis. Por exemplo, nós conduzimos a ARO de executivos da divisão de produção de uma grande empresa petrolífera. Esse grupo estava em plena implementação de uma tecnologia que transferiria conhecimentos e gostaria de avaliar sua habilidade como grupo que criava e dividia esse conhecimento. Como pode ser visto a seguir, a análise da rede revela grande contraste entre a estrutura formal e a informal. Três pontos fundamentais emergem da ARO.

Primeiro, a ARO identificou gerentes de meio-nível bastante críticos para o fluxo de informação dentro do grupo. A surpresa veio do papel central que Cole desempenhava para o fluxo de informações dentro do grupo, já que era o único contato entre os membros da divisão de produção e o resto da rede. Se ele fosse contratado, a eficiência desse grupo como um todo seria significativamente impactada, na medida em que as pessoas da rede informal precisariam restabelecer relacionamentos importantes. Ao se observarem as várias solicitações de informações feitas a Cole, pudemos deslocá-las, assim como às decisões, para outros executivos, de maneira a aliviar Cole e tornar a rede em geral mais responsável e robusta.

Figura 7.1 Um diagrama de rede

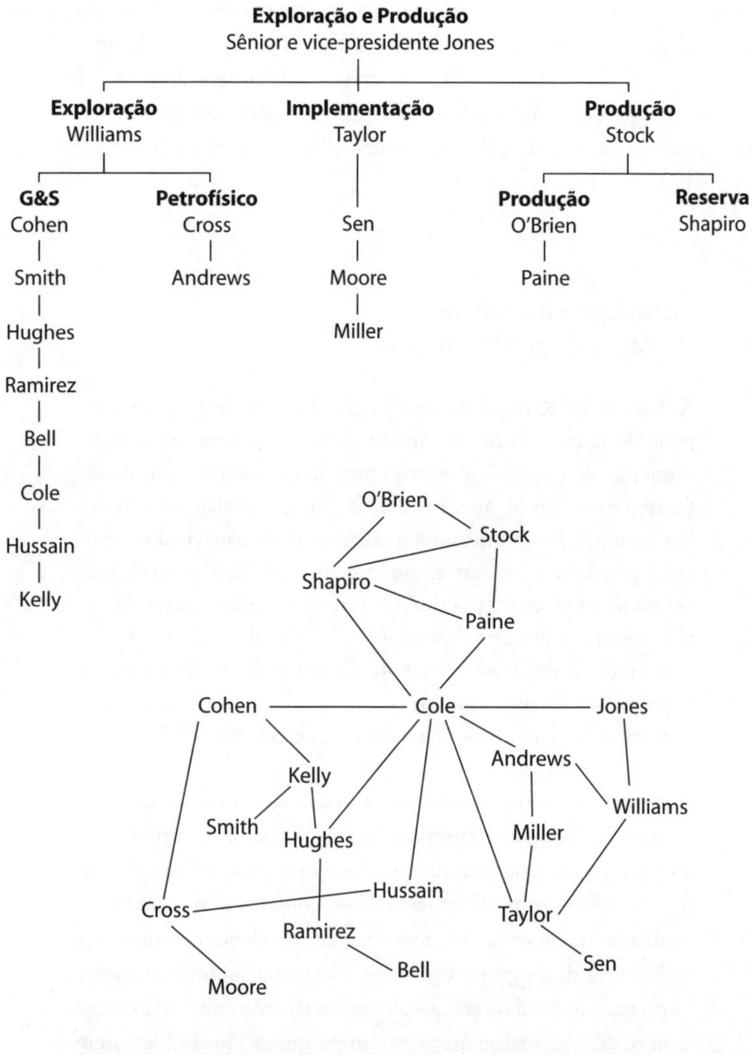

Segundo, a ARO ajudou a identificar pessoas periféricas que representam recursos subutilizados para o grupo. Em particular, tornou-se aparente que muitos dos seniores ficaram apartados das operações do dia-a-dia do grupo. Por exemplo, a pessoa mais sênior (Jones) era uma das mais periféricas na rede informal. Essa é uma descoberta bastante comum.

À medida que as pessoas sobem na hierarquia de uma empresa, seu trabalho faz com que acumulem mais funções administrativas, o que os torna menos acessíveis e mais distantes do dia-a-dia do trabalho de seus subordinados. De fato, neste caso, nosso interrogatório indicou que Jones tinha se afastado demais e sua falta de sensibilidade com freqüência atravancava toda a rede de relacionamentos quando decisões importantes precisavam ser tomadas.

Terceiro, a ARO também revelou que a divisão de produção (o subgrupo no topo do diagrama) ficara separado do resto da rede. Diversos meses antes dessa análise, essas pessoas haviam sido transferidas para outro andar do prédio. Ao rever o diagrama da rede, muitos executivos perceberam que a separação física ocasionara a diminuição de várias reuniões. Por isso reuniões estruturais precisaram ser organizadas para ajudar a evitar problemas operacionais pelos quais o grupo passava, devido justamente à perda de comunicação entre a produção e o resto da rede.

Essas constatações foram feitas a partir da ARO, que pode ser aplicada tanto em departamentos quanto em funções empresariais. Mas é preciso estar ciente de que muitas redes estratégicas não estão em um quadro organizacional formal. A ARO pode ser utilizada para vários assuntos organizacionais, como:

1. Apoiar parcerias e alianças;
2. Avaliar estratégias de execução;
3. Incrementar a produção de decisões estratégicas no topo das redes de liderança;
4. Integrar redes através de processos de núcleo;
5. Promover inovações;
6. Assegurar a integração ou mudanças em larga escala;
7. Desenvolver comunidades de prática;
8. Aprimorar redes pessoais e desenvolvimento de lideranças.

Interpretando um diagrama de rede

Informações coletadas pelas pesquisas junto às redes sociais podem ser usadas para criar diagramas de redes que ilustram o relacionamento entre os membros de um grupo. A rede a seguir revela o fluxo de informação dentro de um time disperso responsável pelo desenvolvimento de um produto. A cada membro do time perguntou-se: "Para quem você passa determinada informação a fim de que sua rede funcione?". A rede foi colorida para diferenciar membros do time que trabalham na manufatura, nas finanças e no *marketing*.

Linhas e flechas. O diagrama acima mostra o fluxo de informação dentro de um time de desenvolvimento de um novo produto. Cada linha indica a comunicação entre duas pessoas; flechas representam a direção do relacionamento (flechas entrando mostram que a pessoa é uma fonte de informação; flechas saindo mostram que o membro do time costuma se dirigir ao outro para solicitar informações).

Figura 7.2 Interpretando um diagrama de rede

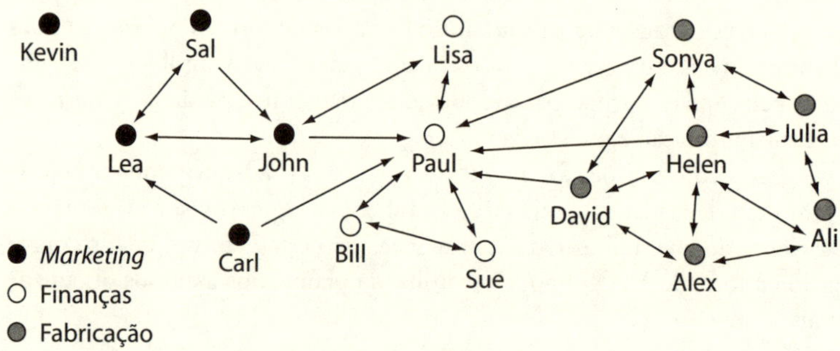

Pessoas centrais. Diagramas de rede deixam claro quem são os membros mais proeminentes dentro de um grupo. Neste time, nove pessoas confiam em Paul para obter informações. Não apenas seus colegas da área de finanças vêm até ele, mas também pessoas do *marketing* e da produção. Já Paul não procura pessoas fora da área de finanças.

O diagrama sozinho não pode revelar se o impacto de Paul é positivo ou negativo. Se o grupo é muito dependente dele, é um obstáculo ao progresso, freando o fluxo de informações e segurando decisões. Por outro lado, pessoas como Paul têm freqüentemente um papel positivo, fornecendo informações valiosas e reunindo o grupo.

Pessoas periféricas. Algumas pessoas estão muito soltas mesmo conectadas a uma rede, podendo estar completamente isoladas – são, na verdade, membros apenas na teoria, não na prática. Nesta rede, ninguém vai até Carl para obter informações e Kevin está totalmente fora da conexão. Assim como acontece com as pessoas centrais, o diagrama sozinho também não diz nada a respeito do valor das pessoas periféricas.

Algumas vezes, integrar esses *outsiders* pode ser crítico para a eficiência de uma rede. Outras vezes, as pessoas são periféricas por uma boa razão. Talvez estejam tentando balancear trabalho e família, ou são especialistas, como cientistas-pesquisadores, que precisam manter forte ligação com a academia. Em algumas ocasiões, as pessoas são periféricas porque lhes faltam habilidades, sociais ou quaisquer outras.

Subgrupos. Grupos dentro de uma rede com freqüência aparecem como produto de locação, função, posse, hierarquia, idade e sexo. Nesse caso, o time é dividido por funções: muito pouca informação é então compartilhada entre os três grupos. Além disso, conexões em *marketing* e finanças são esparsas, enquanto no subgrupo de produção são muito fortes. Isso pode ser bom ou ruim. Pode ser que as pessoas da produção desenvolveram práticas de comunicação que o time como um todo poderia usar como exemplo. É possível também que essas pessoas confiem mais umas nas outras. Só as entrevistas de acompanhamento podem revelar qual cenário é real.

Tudo isso pode parecer complicado – mas nas complexas e grandes organizações de hoje, com milhões de dólares conduzindo os grupos de trabalho em busca de decisões eficazes, investir na ARO pode ser estratégico. "Em níveis de liderança, a ARO fornece um raio-X de como tudo está funcionando realmente", Rob me disse. O problema é que cada líder tem uma idéia de como a organização é administrada, o que pode ou não ser real. "Que seja uma divisão, um time ou uma organização inteira, a ARO fornece aos líderes uma visão mais apurada sobre onde as coisas estão indo bem e onde não estão – isso propicia aos líderes reagir de diferentes maneiras para conduzir a estrutura organizacional", afirmou Rob. "É fundamental, porém, que um líder compreenda a conectividade existente em sua própria rede de relacionamentos", acrescentou. "Ele precisa saber como ela está funcionando, por que desempenha determinado papel, como toma decisões, como obtém informações a fim de considerar novas oportunidades e reestruturações. Os líderes precisam entender que existem outras questões latentes quando uma informação lhes é apresentada. Saber que se está escutando as pessoas certas é uma estratégia de grande poder". Compreender a rede ao seu redor, portanto, permite a você ver de onde questões pendentes estão vindo, a fim de corrigi-las.

Redes organizacionais e desenvolvimento de liderança

Rob também enfocou o fato de como a rede de relacionamentos afeta o desenvolvimento da liderança. Nós discutimos superficialmente a maneira como os *top performers* (os profissionais que ocupam os de 20% de cargos destinados ao topo das hierarquias) usam as redes de maneira mais eficaz do que os gerentes típicos. Faz sentido, portanto, para as organizações, instruir seus gerentes e executivos a usar as ferramentas e os recursos que irão ajudá-los a potencializar suas redes. Também faz sentido avaliar que fatores das redes podem contribuir para a efetividade de um líder. A pesquisa de Rob mostra que gerentes e executivos deveriam prestar atenção em seis fatores: balanço da hierarquia, construção de relacionamentos, relacionamentos estruturados *versus* não-estruturados, investimento de tempo, proximidade física e taxa de reabastecimento. (Alterei algumas das terminologias usadas por Rob para justamente facilitar a compreensão). Vamos dar uma olhada em cada um desses fatores críticos.

- *Balanço hierárquico.* Enquanto redes entre pares fornecem ambientes de aprendizagem seguros porque são compostos de seus pares, isso não é uma vantagem para sua rede organizacional. Você precisa gerenciar relacionamentos com quem está acima, mais do que quem está no mesmo nível ou abaixo de você, o que cria um balanço de hierarquia que Rob chama de "a marca de uma rede organizacional bem composta". Redes de relacionamentos compostas apenas por pares da própria empresa podem fornecer uma visão míope do que realmente acontece. Você pode perder a perspectiva em relação aos que estão abaixo e deixar de conhecer as informações estratégicas que circulam acima.
- *Construção de relacionamentos.* Novos empregados geralmente se focam nas pessoas de seu próprio departamento para aprender. Mesmo que essa atitude ajude a ganhar experiência e assumir mais responsabilidades, é fundamental conectar-se a outros departamentos e organizações. Infelizmente, as pessoas esperam tempo demais para fazerem isso. "Um exemplo comum é o líder que está subindo na empresa e mantém intacta 70 ou 80% da composição de sua rede à época em que apenas iniciava sua ascensão", disse Rob. "E isso acontece juntamente quando ele precisaria diversificar sua rede para ela ser mais eficaz, o que se torna um problema".

- *Relacionamentos estruturados* versus *não-estruturados*. Muitos gerentes são tão ocupados que suas agendas estão tomadas por reuniões o dia inteiro, todos os dias. Isso pode indicar que você está preso em uma rotina que pode não lhe trazer as informações de que precisa. Será que você está se conectando com as pessoas com as quais realmente precisa construir relacionamentos, ou simplesmente com aquelas que entram em sua agenda por causa de rotinas e emergências organizacionais?
- *Tempo investido em manter os relacionamentos certos*. Muitas pessoas gastam muitos esforços em relacionamentos que já estão estabelecidos e precisam de pouco investimento adicional. Ou desperdiçam tempo com aquelas que lhes oferecem poucos benefícios. Elas investem em relacionamentos, mas não de maneira produtiva, justamente porque não procuram os relacionamentos certos.
- *Proximidade física*. A probabilidade de se relacionar com alguém diminui à medida que você se afasta dessa pessoa. Com líderes seniores, isso pode resultar na não-compreensão dos problemas, dos objetivos e das necessidades das pessoas em diferentes lugares, como em escritórios regionais.
- *Taxa de reabastecimento*. Você trabalha para renovar sua rede organizacional, ou a deixa parada, estática? Se sua rede este ano é a mesma da do ano passado, você provavelmente não está aprendendo coisas novas vindas de sua rede de relacionamentos. Por outro lado, se sua rede sofre muitas reviravoltas, você pode não estar trabalhando para manter relacionamentos estáveis com mentores e confidentes que lhe conhecem bem – pessoas com as quais você pode compartilhar assuntos pessoais ou difíceis. Sua rede organizacional deve ser renovada regularmente, embora seja preciso manter certa continuidade. Você precisa de uma mistura do novo e do antigo.

Olhar para cada um desses seis fatores pode ajudar você a melhorar suas redes organizacionais e fortalecer sua liderança: "Fomos capazes de mostrar às pessoas através da pesquisa de alta-*performance*, e depois através do *software* da ARO, como elas olham para essas dimensões, como se comunicam com outras redes entre pares, e em que ponto estão propensas a cair em armadilhas justamente por não prestar atenção às conectividades".

Você quer estar entre os *top performers*?

Como vimos, redes de relacionamentos são úteis não apenas para quem procura emprego, mudança de carreira, ou tenta encontrar novas oportunidades tornando-se consultor ou dono do próprio negócio. Mesmo se você trabalha em uma empresa grande e está feliz com sua carreira, deve fazer da rede de relacionamentos uma prioridade. Mesmo que sua rede organizacional se sobreponha à sua rede pessoal, você deve considerar o papel que ela tem para sua carreira. Se você quer estar entre os *top performers* de sua organização, lembre-se do que Rob me disse a respeito de gerentes que investem em suas redes organizacionais e as mantêm constantemente renovadas: "Ao longo de suas carreiras, eles são mais bem pagos, têm mais mobilidade e avançam mais rapidamente".

No próximo capítulo, vamos falar de um importante tipo de rede de relacionamentos: as comunidades de prática – comunidades baseadas em interesses e preocupações comuns.

8

Para se unir às comunidades

Em 1999, o Estado da Pensilvânia decidiu desenvolver um programa para profissionalizar alunos especiais e encaminhá-los ao trabalho. Em vez de criar um departamento para isso, o Estado optou por formar uma "comunidade de prática", que reuniu vários profissionais especializados em educação especial. Ao formar uma comunidade, esses praticantes puderam permanecer em suas agências, fazendo o trabalho que já realizavam lá, com a diferença de que passaram a reunir seus conhecimentos e contatos, além de aprenderem uns com os outros. Eles também passaram a organizar encontros anuais para atrair outras pessoas, praticantes de todo o Estado, gente que possuía experiência nesses tipos de "conselhos de encaminhamento profissional", incluindo educadores, trabalhadores do governo, empresários e pais.

Na terceira conferência anual, em 2004, os times das agências integradas de cinco Estados foram convidados a visitar e aprender com a experiência da Pensilvânia. Hoje em dia, os representantes dos Estados se encontram regularmente, mantêm contatos freqüentes, agora como a Comunidade de Prática de Integração e Transição Nacional. Isto criou um sistema de comunidades de prática heterogêneas em vários níveis, dos conselhos locais à interação nacional. O projeto é parte da Parceria IDEA (*Individuals with Disabilities Education Act*), que recebe verbas do Departamento de Educação para o apoio nacional às comunidades de prática em vários tópicos relacionados à educação especial.

"Comunidades de prática (CoPs) são grupos de pessoas que dividem preocupações, problemas ou paixões a respeito de um assunto, aprofundando conhecimentos e experiências na área ao interagir com uma base ativa", afirma Etienne Wenger, uma das grandes autoridades em CoPs e co-autor de vários livros sobre o tema. Quando eu o entrevistei, ele me disse que uma comunidade de prática possui três componentes básicos: domínio, comunidade e prática.

- O *domínio* envolve as perguntas compartilhadas e os assuntos-chave que uma comunidade explora, como, por exemplo, a saúde infantil, a engenharia automotiva ou a preservação de um parque regional. Por causa de seu interesses em comum por certos domínios, os membros das CoPs compartilham competências mesmo em disciplinas diferentes. Por exemplo, um médico e um professor que são membros de uma rede de CoPs, cujo domínio é a saúde infantil, irão compartilhar experiências nesse sentido.

> Uma **comunidade de prática** (Cop) é um grupo de pessoas que se une para ajudar umas às outras a resolver problemas e desenvolver conhecimentos e experiências em uma área de interesse compartilhado.

- A CoP é uma *comunidade* de pessoas, não só uma coleção de indivíduos, porque elas se engajam em atividades e discussões, dividem informações e se ajudam. Todos constroem relacionamentos que os permitem aprender uns com os outros, desenvolvendo neles o senso de pertencer a uma CoP. No caso da CoP de saúde infantil, o médico e o professor irão se juntar a outros para dividir histórias, resolver problemas, encontrar recursos, ampliar seu domínio, ajudando-se mutuamente.
- Uma comunidade de *prática* vai além do interesse em comum compartilhado, na verdade, ajuda a dar os primeiros passos para a aprendizagem mútua e recíproca, a solução de problemas e o avanço da compreensão. Membros de uma CoP desenvolvem um inventário de experiências, histórias, métodos e maneiras de resolver problemas, uma prática dividida, compartilhada. No exemplo da CoP de saúde infantil, os membros não têm apenas interesse acadêmico em estudar a saúde das crianças, mas também, desenvolvem ações práticas para conquistar avanços na área.

Esses três elementos fazem das CoPs uma forma única de redes de relacionamentos. Eles compartilham características com outros tipos de rede, mas possuem características próprias (ver tabela 8.1). Comunidades de prática são diferentes de trabalhos em grupo ou projetos em equipe.

Tabela 8.1 Distinções entre comunidades de práticas e outras estruturas

Tipo de rede	*Propósito*	*Quem faz parte?*	*Quão claros são os limites?*	*O que os deixa unidos?*	*Quanto tempo duram?*
Comunidade de prática	Criar, expandir e trocar conhecimento e desenvolver capacidades individuais	Auto-seleção de indivíduos baseada na experiência ou paixão pelo assunto	Vagos	Paixão, por comprometimento por, e identificação com o grupo e suas experiências	Desenvolver e terminar organicamente (durar enquanto houver relevância do tópico e interesse no aprendizado mútuo)
Departamento formal	Entregar um produto ou serviço	Todo mundo que se reporta ao gerente do grupo	Claros	Requerimentos de emprego e objetivos comuns	Pretendem ser contínuos (mas duram até a próxima reorganização)
Time operacional	Tomar conta de um processo ou operação atual	Membros indicados pela gerência	Claros	Dividiram responsabilidade pela operação	Pretendem ser contínuos (até quando a operação for necessária)
Time de projeto	Realizar uma tarefa específica	Pessoas que têm um papel direto em realizar tarefas	Claros	Os objetivos e acontecimentos do projeto	Ter um fim pré-detemrinado (quando o projeto é completado)
Comunidade de interesse	Ser informada	Quem estiver interessado	Vagos	Acesso à informação e senso de importância	Desenvolver e terminar organicamente
Rede de relações informais	Receber e passar à frente informação, saber quem é quem	Amigos e conhecidos de negócios	Indefinidos	Necessidades mútuas e relacionamentos	Nunca, na verdade, começa ou termina (existe enquanto as pessoas mantém contatos ou se lembram umas das outras)

Uma comunidade de prática pode existir dentro de uma organização, mas muitas delas são compostas por pessoas que não trabalham juntas e que nem mesmo se encontram pessoalmente. O trabalho em comunidades de prática é voluntário, mas alguns empregadores requerem ou encorajam seus empregados a participarem.

Nas comunidades de prática constituídas por voluntários, seus membros escolhem o assunto de acordo com os próprios interesses e habilidades (auto-seleção). Caso queiram se retirar, podem fazê-lo quando quiserem.

Membros das comunidades de prática

Embora o nome seja novo, comunidades de prática existem desde o início da civilização. Se pensar nelas você logo percebe que, na verdade, já pertence a uma ou mais CoPs, basta ter experiência profissional em determinada área e compartilhar conhecimentos com outros que também estão envolvidos com a mesma área.

Uma série de fatores faz das redes de CoP experiências úteis e relevantes. Através de uma CoP, redes de relacionamentos profissionais podem ajudar seus membros e as organizações nas quais trabalham. A curto prazo, os membros recebem ajuda para vencer desafios, ter acesso a experiências e ganha mais confiança, além de realizar trabalho sério e se divertir com outros colegas.

A longo prazo, os membros ganham em desenvolvimento e identidade pessoal, uma rede forte de relacionamentos pessoais, uma grande reputação e visibilidade. As organizações, a curto prazo, beneficiam-se da resolução de problemas, da agilidade, do compartilhamento de conhecimentos e de interações sinergéticas com outras organizações. A longo prazo, elas aumentam suas capacidades estratégicas e de inovação, atualizando-se de acordo com as tendências.

Paixão compartilhada ao longo de um domínio está se tornando uma necessidade em nossa era de mudanças contínuas e imprevisíveis. Eu acredito que os desafios deste novo século podem ser vencidos somente através do uso da inteligência coletiva. Redes de relacionamentos das CoP fornecem uma ferramenta única para influenciar a inteligência coletiva, que é, para mim, a razão mais importante para compreendê-las melhor. Como Etienne me disse a respeito das CoPs: “A própria comunidade atua como um trunfo vivo de conhecimento”.

Ele frisou (como fez Rob Cross no capítulo anterior) que os esforços para gerenciar o conhecimento focavam-se, no início, nos sistemas de informação e banco de dados – o que não foi suficiente. As CoPs oferecem uma nova abordagem, já que se focam nas pessoas e nas estruturas sociais de maneira a permitir que aprendam umas com as outras.

Comunidades de prática como ferramenta de gerenciamento de conhecimento

Os negócios estão se voltando para redes de CoP porque perceberam que o conhecimento é um trunfo crítico que precisa ser gerenciado estrategicamente – lembrando que as redes de CoP podem fornecer uma ferramenta poderosa nesse sentido. Etienne disse: "Muitas empresas hoje estabelecem comunidades de prática como maneira de gerenciar conhecimentos, sendo que parte desta estratégia recai sobre o próprio desenvolvimento das pessoas". Ele citou a Chrysler como um exemplo de empresa que estabeleceu uma CoP para sua equipe: "A Chrysler possui muitas plataformas de carro (grandes, pequenos e minivans), o que levou a empresa a estabelecer comunidades de prática reunindo *designers*. O *design* para os breques das minivans, por exemplo, é diferente daquele que é utilizado para carros pequenos, mas eles são semelhantes o bastante a ponto de fazer com que as CoPs ofereçam aprendizagem conjunta". Os engenheiros da Chrysler que se dedicam à fabricação de vidros também formaram uma CoP – e assim por diante.

Um dos caminhos para se enfrentar os inúmeros desafios do século 21 está justamente na inteligência coletiva (conhecimento e sabedoria). As CoPs são criadas para reunir e disseminar essa inteligência coletiva através de encontros (pessoais ou virtuais), redes entre pares *online*, teleconferências, pesquisa, *sites* da internet, *blogs*, entre outras ferramentas apropriadas. As comunidades de prática conseguem reunir talentos pessoais, profissionais e organizacionais, ou seja, produzem retorno de investimentos, na medida em que:

- Resolvem problemas;
- Economizam dinheiro e otimizam recursos;
- Economizam tempo;
- Aprimoram seus membros;
- Melhoram a qualidade das decisões;
- Desenvolvem capacidades pessoais;
- Aceleram a inovação e o avanço das áreas.

As CoPs permitem potencializar a inteligência coletiva, ao reunir e levar ao compartilhamento de conhecimentos e experiências sociais, emocionais e intelectuais. As CoPs levam seus membros a:

- Ensinarem e aprenderem um com o outro;
- Tornarem-se mais responsáveis ao responder questões uns dos outros;
- Estarem disponíveis para conselhos e guia;
- Participarem ativamente de reuniões, encontros, pesquisas, teleconferências e das redes entre pares *online*;
- Compartilhar informações de forma aberta;
- Fornecer guias de carreira e apoio uns aos outros.

A inteligência intelectual é potencializada quando conteúdos e assuntos relevantes são disponibilizados para líderes especializados, nas áreas de experiência de cada membro da rede, de maneira a contribuir para resolver as mais diversas situações.

Numa estrutura de CoP, a troca de inteligência intelectual é otimizada quando indivíduos estão cientes do que estão sentindo e por que estão sentindo aquilo, e ainda se tornam capazes de gerenciar esses sentimentos. A inteligência emocional caminha de mão dada com a empatia pelos outros e as habilidades sociais em comunicar estes sentimentos, ao que se dá o nome de inteligência social. As CoPs bem-sucedidas criam conexões poderosas que fornecem:

- Compreensão mais aprofundada (pessoal e profissional);
- Relacionamentos de longo prazo, capazes de transcender os negócios transitórios;
- Amizades pessoais;
- Rapidez, qualidade, otimização do tempo;
- Encorajamento e apoio.

Em uma CoP, todo mundo possui algo a ensinar e a aprender; portanto, a interação entre os membros acontece de maneira a se "quebrar o gelo". Para isso, recorre-se a trabalhos em equipes e diversão, a fim de tornar os membros mais íntimos e à vontade uns com os outros. O compromisso de se estabelecer conexões profundas e confiáveis está no âmago de cada CoP. Por isso, os membros das CoPs responsabilizam-se por:

- Responder rapidamente ás solicitações de ajuda;
- Realizar encontros (pessoais e virtuais);
- Ter rápido acesso às pessoas, às idéias e ao conhecimento, em vez de tentarem "reinventar a roda";
- Facilitar a colaboração entre si;
- Ajudar a resolverem desafios críticos.

Chaves para comunidades de prática eficazes

Por causa de sua natureza distinta, as redes de CoPs precisam de uma abordagem diferente para prosperarem. Enquanto redes pessoais e organizacionais podem ser gerenciadas informalmente, as CoPs necessitam de uma pessoa encarregada de mantê-las. Quando perguntei a Etienne se as redes de CoPs poderiam ser mantidas sem um facilitador ativo, ele respondeu enfaticamente: "Não é possível!" E continuou:

> "Na verdade, ter um facilitador é um dos fatores-chave para o sucesso das comunidades de prática. Sejam facilitadores, coordenadores ou líderes, é necessário alguém para manter a comunidade unida. Essa pessoa terá, entre outras responsabilidades, o cuidado em gerenciar o tempo de todos, bem como a atenção para envolvê-los."

Em outras palavras, uma rede de CoP se desenvolve somente quando existe ao menos uma pessoa fazendo o possível para que ela seja vibrante e ofereça a oportunidade de aprendizagem para seus membros. Se você for participante de uma CoP que parece estar definhando, ou se ressente da falta de valores, você deve imediatamente tomar uma atitude a fim de facilitar as interações, caso contrário, ela pode desaparecer bem diante de seus olhos.

Liderando uma rede de CoP

Líderes ou facilitadores de redes de CoP necessitam de inúmeras competências, disse-se Etienne. "Para um líder de comunidade, a competência mais importante é o relacionamento. Líderes de sucesso mantêm contato com a comunidade e podem ver para onde ela se dirige, porque estão em contato com essas pessoas". Todas as habilidades e comportamentos que eu discuti na primeira parte deste livro vêm a calhar neste momento.

Líderes bem-sucedidos escutam tanto quanto falam, e colocam as preocupações dos outros junto com as suas próprias. "A habilidade de dar voz às pessoas através de uma comunidade exige muita competência".

Líderes de CoP também precisam ajudar a comunidade a defender seu domínio. Porque os membros são praticantes, seu trabalho precisa ser valorizado nas organizações e na sociedade como um todo. A CoP precisa ser capaz de atrair recursos de vários tipos – pessoas, dinheiro, suportes materiais, locais para reuniões etc. Tudo isso implica defesa de uma causa, seja a saúde infantil, os parques regionais ou qualquer tipo de tecnologia, apenas para citar exemplos já apresentados.

"Outra competência-chave é a habilidade em ajudar as pessoas a fazer contribuições e assumir a liderança de uma determinada área. Você precisa deixar a comunidade encontrar sua voz, deixar os membros falarem e se expressarem, encontrarem suas identidades como colaboradores de uma comunidade", frisou Etienne. Toda organização é mais forte quando possui várias pessoas assumindo a liderança de uma maneira ou de outra, e isso certamente se aplica às redes de CoPs.

Na prática, tudo isso gera confiança coletiva. "Todo membro deveria ser capaz de trazer um problema que possui para discutir com a comunidade e assim fazer com que ela o ajude a resolvê-lo. As pessoas não têm que se posicionarem sozinhas. Deveriam ser capazes de conversar a respeito de seus problemas à medida que os vivenciam". Isto, diz Etienne, é o componente-chave de uma boa comunidade: a habilidade de seus membros em expor um problema e enfrentá-lo. Varrer problemas para debaixo do tapete prejudica a confiança coletiva.

Outras competências incluem habilidades de comunicação e de se produzir bons documentos, como minutas de reuniões, para que os membros possam facilmente se reconectar tão logo deixem as reuniões. Comunidades de prática estão ganhando espaço na internet. Este é justamente o tema do próximo capítulo.

9

Conexão virtual

A conexão virtual é a nova fronteira. Em 2006, a escolha da revista *Time* para a "A Personalidade do Ano" não recaiu em um político ou filantropo habitual. Em vez disso, na capa lia-se simplesmente: "Você. Sim, você. Você controla a Era da Informação. Bem-vindo ao seu mundo". A premissa é a de que o conteúdo individual dos usuários da internet está crescendo tanto e tão rapidamente que já influencia toda a sociedade. As pessoas se viraram para a internet por uma série de atividades, incluindo a interação social em inúmeros níveis.

Neste capítulo, vamos dar uma rápida olhada nesse fenômeno e como você pode tirar vantagem dele. O "Efeito *Networking*" virtual pode lhe colocar em contato com pessoas que compartilham interesses semelhantes aos seus, em qualquer lugar do mundo. Nós também iremos discutir etiqueta virtual – os prós e contras dos relacionamentos sociais virtuais.

Minha definição de rede virtual é a de qualquer rede composta por pessoas as quais você nunca encontrou pessoalmente, assim como a ação de recorrer à interatividade proporcionada pela rede desde que não seja face a face. Isso significa que esse tipo de rede pode ser viabilizada via *e-mail*, telefone ou fax. Na verdade, nos dias atuais, acontece mais via internet.

O grande benefício das redes virtuais é a facilidade com que você se conecta às pessoas em qualquer hora e de qualquer lugar. Isso pode ser feito sem sincronia (isto é, sem você estar conectado a alguém em tempo real, considerando-se aí o uso do *e-mail* como exemplo), ou em sincronia (conectado em tempo real via mensagens instantâneas ou videoconferência. Ou ainda, graças ao incrível acesso dos celulares à internet, você não precisa nem mesmo estar diante do computador ou do *lap-top* para navegar *online*).

A Coca-Cola, por exemplo, recentemente anunciou a criação de uma rede de contatos especialmente desenhada para telefones celulares através de sua marca de refrigerantes Sprite, onde os membros podem organizar perfis, colocar fotos e fazer novos amigos.

Com uma rede *online*, você pode se conectar individualmente ou em grupo a outro indivíduo ou grupo de pessoas. Mesmo grupos grandes podem interagir sem sincronia, através de um *wiki* ou de discussão por fios, ou mesmo através de empresas como a Instancy. (Se estas palavras não lhe são familiares, no quadro "Algumas definições", a seguir, elas serão explicadas).

Eles também podem interagir em sincronia, utilizando tecnologias que estão disponíveis hoje, como *Live Meeting*, *WebEx*, *Centra Software* e *I-Cohere*, por exemplo. Serviços como *Skype* já trouxeram o telefone à internet.

Conexões virtuais podem assumir várias formas. Vários *sites* são dedicados ao compartilhamento de arquivos e vídeos, banco de dados de enciclopédia/conhecimento, leilões, classificados, apenas para nomear alguns, embora, no momento, conexões virtuais tendem a ser dominadas por *sites* de relacionamentos como o *MySpace* e o *Orkut*, que se transformaram em portais de comunicação e banco de dados.

Mesmo grandes portais virtuais como os da *Microsoft* e do *Yahoo!* Já têm suas próprias plataformas de conexão virtual – *Windows Live Spaces* e *Yahoo! 360°*, respectivamente –, por causa justamente do potencial desse novo tipo de ambiente para atrair um grande número de pessoas *online*.

De fato, não é nem um pouco arriscado prever que a conexão virtual continuará a estender seus domínios sobre a maneira como as pessoas interagem via internet. (Dadas as transformações e a rapidez com que tudo acontece na internet, peço desculpas se algumas destas observações ou citações já estiverem datadas!)

Algumas definições

Um ***wiki*** é um *site* ou página da internet que permite aos visitantes adicionar, remover e editar conteúdo. A Wikipédia, uma enciclopédia *online*, é um dos melhores *wikis*.

Um ***blog*** (diminutivo de *weblog*) é uma espécie de diário *online*, onde seu autor fala de assuntos particulares, como comida, política, notícias empresariais, em que as entradas (*entries*) são escritas em ordem cronológica, com a mais recente observação sempre localizada no topo. Muitos *blogs* permitem aos leitores postar comentários para itens individuais.

Um **fórum de discussão** permite às pessoas comunicarem interesses sem sincronismo, em seu próprio tempo e ritmo. Uma pessoa pode postar uma mensagem à tarde e a outra pode responder no dia seguinte.

Uma **discussão por fios** é uma discussão eletrônica em que mensagens são agrupadas visualmente em hierarquia, por tópicos. Um grupo de mensagens em um tópico simples é chamado de "tópico por fio", ou simplesmente "fio".

A evolução das conexões *online*

Inicialmente, ao menos dentro dos Estados Unidos, até mesmo antes de a rede mundial de computadores deslanchar, grandes provedores de internet americanos (como *America Online*, *CompuServe* e *Prodigy*) possuíam conexões *online*, embora fossem restritas aos membros do mesmo provedor.

Imagine um simples *e-mail* sendo transferido para uma sala de bate-papo e depois comentado via mensagens instantâneas. Quando a rede mundial de computadores surgiu, em 1993, tornou-se realidade o contato entre todos os provedores ao redor do mundo. A decisão revolucionária de tornar gratuito o acesso à rede mundial assegurou à internet a capacidade de crescer exponencialmente e envolver um número de pessoas jamais imaginado anteriormente. Mensagens instantâneas tornaram-se populares e programas de mensagens instantâneas, como o o *AIM* (uma ramificação do serviço interno da *AOL*, o *Instant Messenger*), o *ICQ*, o *Yahoo! Messenger* e o *MSN* (do *Hotmail*) integraram muita gente.

Ainda assim, mesmo que programas de mensagens instantâneas tenham se tornado proeminentes, o contato inicial era restrito àqueles que conheciam um ao outro diretamente ou através de intermediários, ou, ainda, entre pessoas que se conheceram em salas de bate-papo temáticas (solteiros em tal cidade, ou fãs de *Star Wars*, por exemplo). *Blogs* pessoais começaram então a pipocar na internet à medida que as pessoas contavam seus pensamentos e suas atividades diárias. Um dos primeiros *sites* desse tipo foi o *LiveJournal.* com. De acordo com esse *site*, ele possui dez milhões de membros ativos que permitem acessos a seus *blogs* por parte do público em geral.

Esses *blogs* pessoais caminharam para fóruns mais subjetivos, onde o foco tornou-se não os meandros de um indivíduo ou um grupo de indivíduos, mas discussão e interação em torno de assuntos de interesse particular. É natural para nós aproximarmo-nos de colegas ou especialistas em determinado campo quando temos perguntas específicas, ou assuntos que queremos discutir.

A internet possibilitou tudo isso através de fóruns de discussão (semelhantes a um *blog*, mas envolvendo discussões e contribuições de um dado número de pessoas), um conceito que foi aplicado a cenários pessoais, profissionais e até mesmo acadêmicos.

Também estamos começando a ver ferramentas de suporte a redes estarem disponíveis na internet. Serviços como o Linkedln fornecem um ambiente onde os usuários podem entrar nas redes de amigos e colegas.

A firma Visible Path está usando serviços de busca para mapear as redes de usuários (ao procurar arquivos do Outlook, por exemplo), calcular a força dos relacionamentos dentro de uma conexão, e, então, conectar as redes de amigos e colegas num ambiente semelhante àquele conceito do "seis graus de separação" (todo mundo está separado por seis conhecidos em comum).

Cada vez mais, essas ferramentas vão se tornar disponíveis e fazer as coisas se tornarem mais fáceis, para que possamos construir, manter e influenciar nossas redes, não importando se são pessoais, profissionais ou virtuais.

Mas tudo tem seu ritmo, tempo e idiossincrasias. Muito embora sejam *online* e possam oferecer diversos benefícios, *sites* de redes de relacionamentos, como todas as redes, são interessantes e úteis apenas se você tirar deles o que oferecem. Não espere entrar em um *site* de redes de relacionamentos, clicar alguns *links* (acesso a outros *sites*) aqui e acolá, e fazer milhares de novos amigos e colegas de negócio. Na verdade, mesmo em se tratando de *networking* virtual, você precisa dedicar a ele o mesmo esforço que dedica às redes pessoais, cara a cara.

Conexões virtuais podem ser orientadas para os negócios ou podem ser puramente sociais. Neste capítulo, vamos dar uma olhada em ambas.

Conexões sociais

A popularidade das conexões sociais cresceu exponencialmente ao longo dos últimos anos. Os melhores exemplos são o *Orkut* e o *MySpace*. Este último, diz a empresa, possui mais de 100 milhões de usuários e um crescimento de 250 mil pessoas por dia!

Os primeiros adeptos das conexões virtuais são certamente jovens adultos – a geração X e Y –, mas isso não significa que a velha guarda não tenha se juntado a essa jornada, à medida que mais sites surgem por aí voltados a interesses particulares e específicos.

Atrair pessoas para conexões *online* pré-existentes não difere muito do conceito inicial de redes de relacionamentos sociais. A diferença é que a internet permitiu a estas redes juntarem-se, desenvolverem-se e crescerem de maneira que, de outra forma, não seriam capazes. Em 1995, essa idéia foi posta em prática por Randy Conrads, que queria usar a internet para juntar pessoas com experiências em comum.

O *Classmates* (www.classmates.com) – de acordo com a Wikipédia, o primeiro *site* de relações sociais – foi fundado com a intenção de colocar ex-alunos de um curso colegial em contato novamente uns com os outros, tendo recebido, por isso, o crédito de realizar conexões sociais *online* de *mainstream*. O acesso ao *site* é livre e ele permanece lucrativo graças à publicidade *online*. Com mais de 40 milhões de membros, o *Classmates* se desenvolveu a ponto de incentivar relacionamentos de alunos do pré, do primeiro e segundo graus, universitários, assim como de profissionais, de familiares e pessoas em busca de pares românticos

A popularidade desses *sites* cresceu rapidamente e se expandiu em uma profusão de *sites* de conexões sociais, como o *Bebo* (www.bebo.com), de muito sucesso na Inglaterra, com cerca de 34 milhões de usuários, e o *Orkut* (www.orkut.com), o *site* do *Google* muito popular no Brasil, com 46 milhões de pessoas a bordo. Outras redes sociais incluem *Xanga* (www.xanga.com), *Friendster* (www.fiendster.com) e o *Facebook* (www.facebook.com).

Nessas redes *online*, um grupo inicial de fundadores envia mensagens convidando os membros de suas próprias redes pessoais a se juntarem ao *site*. Novos membros repetem o processo, aumentando o número total de membros e *links* da rede. Os *sites* oferecem algumas características, como *updates* de endereço automáticos, perfis visíveis, habilidade para formar novos *links* através do "serviço de apresentação", e outras formas de conexões sociais *online*. Vamos dar uma olhada em dois *sites* sociais de sucesso fenomenal, principalmente nos Estados Unidos e Europa.

MySpace

À medida que escrevo aqui, o *MySpace* parece ser o *site* de relação social mais popular, pelo menos nos Estados Unidos (é claro que ele já pode ter sido superado quando você estiver lendo isto). Sua campanha diz: "Um portal de estilo de vida para se conectar com amigos, descobrir a cultura popular e dar impacto positivo ao mundo". Ele diz possuir mais de 100 milhões de membros ao redor do mundo.

O *MySpace* oferece aos usuários maneiras de interagir através de perfis pessoais, *blogs*, mensagens instantâneas, *e-mails*, troca de música, videoclips, galeria de fotos, listas de classificados, eventos, grupos, comunidades universitárias e fóruns. Ele é muito popular entre adolescentes e adultos jovens. A rede internacional do *MySpace* inclui *site* de comunidade localizados nos Estados Unidos, no Reino Unidos, Japão, México, França, Alemanha, Austrália, Irlanda, Espanha, Itália, Canadá, Bélgica, Nova Zelândia e América Latina.

O *MySpace* permite a indivíduos tornarem-se conhecidos ao redor do mundo via tudo: de compartilhamento de fotos (melhorando a idéia desenvolvida pelo *Flickr*, no www.flickr.com), à listagem do que quiserem a seu respeito, tal como lugares de residência, empregos, experiência educacional, gostos musicais, apenas para listar alguns assuntos. Os usuários também podem ver de quem outras pessoas são amigas e podem até mesmo se comunicar usando o sistema de comentário interno do *MySpace*. As pessoas incluem sons e vídeos sobre seus perfis, e se juntam a grupos de redes específicos (como baristas do Starbucks, ou estudantes nepalenses da Universidade da Califórina, em Los Angeles, para cita dois exemplos), além de clicar para verem quem mais está ali.

O *site* ficou tão popular que, em 2006, o *MySpace Mobile* foi criado quando Helio, um provedor americano de celular, desenvolveu aparelhos especiais que permitem aos usuários acessarem o celular do *MySpace* de forma portátil. À medida que a popularidade do *MySpace* continua a crescer, seu potencial como o líder das redes sociais online na internet se tornará maior ainda. Em julho de 2005, a News Corporation, de Rupert Murdoch, adquiriu o *site* por 580 milhões de dólares. De acordo com as estimativas atuais, esse preço foi uma barganha, para dizer o mínimo. Para contextualizar esses números, basta dizer que, em 8 de agosto de 2006, o *Google* assinou um acordo de 900 milhões de dólares apenas para fornecer a busca e os serviços de publicidade do *MySpace*.

O *MySpace* se transformou numa plataforma extremamente poderosa (e livre) de *marketing*. Muitos aspirantes a artistas (e mesmo outros mais populares) e músicos se viraram para o *MySpace*, a fim de postar sua música e se promoverem por causa de seu potencial livre de exposição. Até mesmo políticos estão se iniciando nele.

Políticos descobrem as conexões online

A conexão social *online* é um acontecimento. Atualmente, os políticos também estão descobrindo o poder de se conectar com as pessoas – e muitos deles estão colocando seus perfis no *MySpace* e em outros *sites* de relacionamento social. De acordo com o *TechPresident* (www.techpresident.com), um *blog* político que cobre como os candidatos à eleição presidencial em 2008 estão usando a internet, os senadores Hillary Clinton e Barack Obama possuem os maiores "amigos" tanto no *MySpace* quanto no *Facebook*. O senador Obama lidera com cerca de 98 mil amigos no MySpace e quase 89 mil no *Facebook*, enquanto Hillary tem cerca de 89 mil apoiadores no *MySpace* e quase 22 mil no *Facebook* (isso em junho de 2007). Entre os candidatos republicanos, o senador John McCain lidera com cerca de 36 mil amigos no *MySpace* e quase dez mil no *Facebook*.

Facebook

Outra plataforma de conexão social muito popular é o *Facebook*. Foi fundado como uma versão *online* dos chamados *facebooks* de papel, que muitas universidades pequenas entregam aos calouros como orientação de quem é quem. A idéia de um *facebook* de capa dura é permitir ver as fotos daqueles com quem você vai passar os próximos quatro anos, com um pouquinho de informação a respeito da vida de cada um (de onde vêm, onde cursaram o colegial, quais são seus interesses etc.). Um estudante de Harvard, cujo nome é Mark Zuckerburg, viu o potencial de levar esse conceito para o mundo *online*.

Quando o *Facebook* foi colocado no ar, em 2004, era aberto exclusivamente a estudantes de Harvard. Foi então expandido à liga inteira de Ivy, seguida de um grande número de outras instituições de prestígio, e, finalmente, a todas as universidades dos Estados Unidos. Em dezembro de 2005, o *Facebook* tinha mais de sete milhões de contas universitárias, sendo que vinte mil são criadas diariamente.

O *Facebook* é um *site* de conexão social que funciona de forma semelhante ao *MySpace*: os membros podem criar suas páginas de perfil, formar redes com os amigos, enviar mensagens e compartilhar fotografias. Ele foi originalmente desenhado para estudantes universitários e requer que eles possuam um endereço de *e-mail* válido para se registrarem. O *Facebook* logo se expandiu para proporcionar a outros estudantes juntarem-se ali, e, em 2006, abriu suas portas a todo mundo, à medida que seus membros se formavam. Atualmente possui cerca de 24 milhões de usuários registrados, mais da metade não é de caráter estudantil.

O *Facebook* em particular (embora o fato tenha sido reportado em outros *sites*) tem sido repetitivamente procurado por recrutadores de emprego. Inicialmente utilizando seu velho *e-mail* da universidade, alunos ganharam acesso aos *postings* dos estudantes atuais, podendo, assim, saber mais sobre eles do que é apresentado em seus currículos e entrevistas. Mas logo daí surgiram riscos: os estudantes postam fotos de si mesmos (com freqüência em festas) ou amigos "enfeitam" as fotos de outros usuários, e pode ocorrer de o estudante relatar ou postar algo que empregadores em fase de prospecção de candidatos achem inapropriado, descartando por isso o estudante em questão, que deixa de concorrer á vaga ou mesmo de ser contratado. Universidades como a de Michigan e de Nova York enviaram aos alunos *e-mails* alertando sobre esse perigo.

Os sites de conexão social multiplicam-se

As conexões sociais mais novas da internet estão começando a focar nichos como artes, tênis, futebol, golfe, carros, donos de cães e até mesmo cirurgias cosméticas. Muitas das redes sociais da internet são públicas, proporcionando a qualquer um se juntar a elas. Mas algumas só o fazem por convite.

Centenas de *sites* de conexão social começaram a aparecer em listas de *blogs*. Quando você procura no *Google* a expressão "redes de relacionamentos", encontra mais de 100 milhões de *links*. Quando procura por "redes de conexão sociais", aparecem mais de 150 milhões. Até mesmo a *Microsoft* está entrando no jogo, anunciando o lançamento do *Aggreg8* – "redes sociais para profissionais de TI".

Mas como você pode encontrar redes de conexão sociais além dos mega*sites* apresentados aqui e que ainda atendam a seus interesses? A fonte B fornece algumas idéias para você começar.

Redes prodissionais de conexão *online*

A *Fast Company*, a proeminente revista de negócios da "nova economia" dos anos 1990, criou a rede *online* Company of Friends, apresentando redes de negócio para a internet, em 1997. Hoje, existem centenas de *sites* de redes de conexão voltadas ao mercado profissional, como *sites* de orientação de carreira, plataformas de troca de conhecimento, quadros de boletins e comunidades de prática *online*. Algumas têm proprietários e são colocadas no ar exclusivamente para os empregados de determinadas empresas. Outras são independentes, abertas ao público em geral.

Tanto interna como externamente, as empresas encontraram benefícios ao reunir pessoas *online*. Dentro de uma firma, o conceito de fórum interno de melhores práticas é uma forma relativamente barata para cobrir a brecha e reunir indivíduos que de outro modo não seriam capazes de se relacionarem. A IBM, por exemplo, adotou o *Sametime*, um sistema de bate-papo interno que permite aos empregados contatar outros funcionários da IBM baseados em sua própria posição, experiência e localização dentro do escritório, a fim de obterem respostas imediatas às suas perguntas e preocupações. Ele também dá acesso limitado à informação e permite aos indivíduos, através de um documento da corporação, comentar a respeito de informações específicas que podem ser compartilhadas com colegas e repartições relevantes. Outra forma de rede é conhecida como "gerenciamento de relacionamento empresarial" (GRE). As empresas instalam o GRE em seus próprios servidores e proporcionam aos empregados compartilhar suas redes de contatos e relacionamentos com pessoas de fora e de outras companhias.

Externamente, *sites* de troca de conhecimento tornaram-se proeminentes (e alguns se voltaram para comunidades de prática *online*). Essa tendência começou em larga escala com os militares e tem se expandido mais e mais para o mundo corporativo. Enquanto existem sistemas corporativos internos, conforme mencionado anteriormente, diversas organizações, como a Corporate Executive Board, oferecem um serviço virtual que facilita a troca de melhores práticas. Algumas comunidades são mais gerais, enquanto outras são guiadas para perfis específicos, como executivos em desenvolvimento e aprendizagem corporativa.

Características dos *sites* orientados para negócios

Os *sites* orientados para negócios estão proliferando rapidamente. Para compreender um pouco mais sobre como funcionam, vamos mergulhar em um *site* de rede profissional, o *Ittoolbox* (www.ittoolbox.com). O *Ittoolbox* é uma comunidade profissional onde os pares dividem conhecimento sobre a Tecnologia da Informação (TI).

O *Ittoolbox* oferece interatividades de fóruns e referência, nos quais os membros são capazes de discutir assuntos quentíssimos e conseguir respostas para as perguntas de TI. O *site* possui mais de setecentas comunidades de discussão direcionadas e um milhão de páginas de conteúdo gerado para comunidades (esse número está constantemente crescendo); ele tem mais de 200 mil membros ativos.

Ele é organizado por grupos, *blogs*, *wikis*, bases de conhecimento e redes de relacionamentos profissionais. A seção de grupos inclui questões de TI e respostas entre os pares. Estas são escolhidas por tópico e por tipo; alguém pode se juntar a um fórum graças a uma janela de *pop up* que lhe pergunta se você está interessado.

Os grupos são organizados em diferentes tipos, como os que focam estratégias e planejamentos, áreas funcionais e técnicas, carreiras e informação a respeito de vendedores. Cada fórum possui um sumário, o número de membros no fórum, o número de postagens por dia, e a data de origem, além de um *hotlink* para uma seção *wiki* afim (onde os membros podem apresentar conceitos escritos no fórum nas páginas *wiki*).

A seção dos *blogs* é descrita como "notícias de TI e conhecimento de ponta". Os *blogs* são escolhidos baseados em entradas recentes, comentários, entradas populares e assuntos de TI. A seção *wiki* inclui grupos de discussão, "contribuidores *top* (para *wikis*) da semana anterior", e um guia de referência em TI. Ainda possui as FAQs – Frequent Asked Questions (perguntas mais freqüentes)–, uma seção de "como fazer", e uma seção de código (código de fonte juntamente com uma descrição do que faz).

As bases de conhecimento, *blogs* e *wikis* são todas formadas por tópicos específicos. A seção de rede de relacionamento profissional possui ferramentas que permitem aos profissionais criarem suas próprias homepages, conectarem-se com outros profissionais e se comunicarem com os membros de TI em um ambiente produtivo. O *Ittoolbox* não cobra uma taxa de associação, mas ganha dinheiro com publicidade.

O efeito da conexão online

O *Linkedln* (www.linkedln.com) é um fórum e um serviço de redes de relacionamento profissional que se provou incrivelmente bem-sucedido. Esse *site* foi tachado de "*MySpace* para adultos", já que se baseou na aparente jovialidade do outro *site*, embora destinado a auxiliar profissionais a se conectarem uns com os outros. O *Linkedln* trouxe o conceito real de conexões para o estágio virtual. Na verdade, quando o *site* foi fundado, em 2003, o único modo de tornar-se membro dele era recebendo uma referência direta. Em junho de 2007, a empresa registrou mais de onze milhões de usuários. Diferente de muitos outros *sites* de redes sociais, o *Linkedln* cobra por um número de seus serviços avançados, mas também gera receita de publicidade.

A premissa geral do *site* é estabelecer e ganhar acesso à sua rede de relacionamentos diretos (suas ligações), as conexões de suas ligações, e, finalmente, as conexões das conexões de suas ligações. Portanto, ao ser capaz de visualizar os perfis de pessoas "linkadas" a você por três *links*, você tem o potencial de entrar em contato com inúmeras outras pessoas pelo modo de referência. Se todo mundo na corrente aprova um "contato", por assim dizer, dois indivíduos podem ser colocados para se relacionarem, e uma recomendação pode ser feita. Deve ser notado, entretanto, que qualquer um na cadeia pode negar a referência.

Os empregadores podem listar empregos no *site* e procurar por candidatos, e estes por empregos, assim como podem encontrar profissionais de recursos humanos de algumas empresas e estabelecer conexões com eles. Quando as pessoas praticam a reciprocidade, elas podem ajudar umas às outras quando vêem benefício mútuo, a fim de que os indivíduos possam ser bons candidatos e empregadores conseguirem as pessoas certas.

Os indivíduos são capazes de construírem suas reputações através de complementações eficazes, por exemplo, e a habilidade de avaliar se essas duas pessoas devem ser colocadas juntas é uma espécie de eficácia em si mesma. Pesquisas indicam que grandes benefícios se escondem atrás de conexões/

ligações fracas, e a *Linkedln* tem capitalizado o alcance das ligações fracas, assim como conta com a mais alta confiança das ligações fortes. Não é de se surpreender que a *Linkedln* utilize seu próprio sistema interno para postos de emprego e contratação para sua companhia.

Os prós e contras das conexões virtuais

Conexões virtuais não estão isentas de riscos. Em julho de 2006, um anúncio no *MySpace* foi rastreado por *hackers* e mais de um milhão de usuários foram infectados pelo programa *spyware*, que podia extrair informações pessoais (como números de cartão de crédito) dos computadores sem que seus usuários soubessem.Também existe a preocupação de que pessoas de má índole tentem se aproximar e prejudicar os outros, por isso os sites de conexão virtual se encarregam de tomar medidas preventivas, embora seja imperativo que todos estejam alertas. Não importa se sua rede seja utilizada para relacionamentos sociais, profissionais ou ambos os casos, todas os prós e contras devem sempre ser considerados.

Os prós das conexões virtuais

- *Faça um* test-drive *das redes organizadas (pessoais, profissionais, de interesse específico etc.), antes de entrar e participar delas.* Opte pelo acesso restrito à sua página, autorizando apenas um seleto grupo de pessoas, como amigos da escola, do clube, de seu time, grupos de comunidade ou sua família.
- *Determine o mais rápido possível o papel que você quer ter em uma rede pré-existente.* Você será um participante ativo, um organizador, um guarda, um espreitador (alguém que fica nos cantos e apenas vê o que ocorre), ou exercer uma combinação desses papéis?

- *Poste apenas informações com as quais você se sente confortável, já que estarão expostas.* Muitas pessoas podem ver sua página, incluindo seus pais, professores, policiais ou mesmo a empresa onde você quer trabalhar.
- *Pratique a reciprocidade.* Isso deve ser ainda mais importante em um ambiente virtual – doe primeiro e com mais freqüência.
- *Seja educado.* Só porque uma mensagem está *online* não significa que as convenções do mundo real não se aplicam a ela. Use cumprimentos ("caro fulano"), e conclusões polidas ("sinceramente; atenciosamente etc."). Preste atenção à gramática e à ortografia.
- *Seja respeitoso com o tempo dos outros.* Lembre-se que mesmo um *e-mail* consome tempo para ser lido.

Os contras das conexões virtuais

- *Não repasse os* e-mails *dos outros.* Eles são tão pessoais quanto os números de telefone, celular ou endereços.
- *Não seja displicente ao escrever* e-mails. Se você tem alguma dúvida, tenha certeza de checar se está escrevendo para a pessoa certa.
- *Não envie nada pelo mundo virtual que você não gostaria de ver publicado num jornal ou discutido na tevê.* Uma vez que você postou informação *online*, você não pode retirá-la da rede. Mesmo que você delete a informação em questão do *site*, versões mais antigas podem existir nos computadores de outras pessoas. A mesma coisa se aplica ao *e-mail.*
- *Não seja verborrágico.* Você não está escrevendo um **ensaio.**
- *Não seja agressivo ou hostil.* Você vai prejudicar sua reputação.

É apenas o começo

Conexões virtuais existem há mais tempo do que os *sites* de relacionamentos como o *MySpace* e o *Orkut*. Redes de relacionamentos sociais *online*, como as que conhecemos hoje, surgiram como uma compilação de formas mais antigas de comunicação *online*, desenvolvidas para acomodar as necessidades sociais de mudança. Está longe de ser uma moda passageira; é uma evolução ainda em progresso.

A despeito da publicidade que ronda os *sites* de relacionamentos sociais mais populares, sistemas semelhantes, menos proclamados, também provaram ser bem-sucedidos dentro das organizações. Ter acesso a informações pode ser algo valioso também para elas. O contato inter-pessoal em qualquer cenário, aliás, é ideal para todos.

"Linkar" pessoas umas às outras é um conceito brilhante. Ser capaz de comunicar-se com pessoas de outras regiões ou países pode abolir uma série de barreiras (como os estereótipos, por exemplo). O mundo está se globalizando e a distância não é mais a mesma. Entretanto, é difícil imaginar que apenas 1/6 da população mundial possui acesso à internet, e mesmo assim o modo como o mundo funciona já tenha mudado tanto. Tente imaginar o tipo de planeta no qual vamos viver quando metade, ou até mesmo um quarto dos habitantes da Terra, possuir os benefícios da exposição na internet.

É fato que regimes opressivos limitam ou restringem o acesso das pessoas à internet. Informações, contatos e outras perspectivas de fora são ferramentas muito poderosas. É incrível ver como o mundo continua a mudar à medida que mais e mais pessoas percebem esse poder e tornam-se parte de uma conexão social *online*.

No próximo capítulo, vamos tentar vislumbrar o futuro das redes de relacionamentos.

Conclusão

O futuro das conexões

Eu disse no início deste livro que redes de relacionamentos são mais do que cartões de negócios, o tamanho de seu relógio ou a quantidade de números de telefones guardados em sua agenda: redes de relacionamentos ditam jeitos de se viver. Espero que você perceba agora o quanto isso é real. O "Efeito *Networking*" pode ter grande influência em nossas vidas, empresas e na sociedade como um todo. Mas o que o futuro guarda para o "Efeito *Networking*"?

Com a globalização, as novas tecnologias de comunicação e as mudanças demográficas, para citar apenas alguns fatores, a sociedade está mudando num ritmo nunca antes vivenciado – assim como o mundo do trabalho e as próprias empresas. Como as redes de relacionamentos serão no futuro? Eu, na verdade, tenho algumas idéias sobre o futuro da prática do *networking* – e dos assuntos que estarão em pauta nos próximos anos.

Como observei no prefácio, entrevistei mais de trinta pessoas, das mais variadas esferas, apenas para compor este livro. Ao final de cada entrevista, fiz a pergunta: "Você consegue imaginar o futuro do *networking*?" Ouvi comentários muito inteligentes. Em termos gerais, os assuntos abordavam a maneira como as redes de relacionamentos estão afetando carreiras e empresas, também nossa concepção de comunidade e de sociedade, tudo por causa do impacto da internet e das novas tecnologias de comunicação, embora o toque pessoal, a despeito de todo o avanço tecnológico, ainda seja essencial.

A seguir, apresento trechos das entrevistas que fiz em quatro áreas diferentes. Ao final do capítulo, ofereço-lhes minhas próprias impressões.

Carreira e empresas

O mundo do trabalho está mudando. As tendências atuais fazem das redes de relacionamentos uma ferramenta importantíssima para administrar carreiras e empresas. A tecnologia deverá substituir essas redes como ferramenta? As pessoas com quem conversei sugerem que as redes de relacionamentos vão apenas ganhar ainda mais importância.

Vince Perro, ex-presidente e consultor-líder da Heidrick& Struggles

"Eu diria que redes de relacionamento irão crescer e ser mais bem compreendidas como ferramenta de negócios para as próximas gerações. Eu acho – e isso é conduzido por uma série de coisas – que a maior mudança ocorrerá no relacionamento entre patrões e empregados. Para muitos de nós, em nosso meio profissional, quando começávamos nos negócios, ainda havia proeminência de executivos que permaneciam um longo período na empresa. Além disso, as redes de relacionamentos – particularmente as externas – realmente não eram tão importantes como são hoje.

Mas, atualmente, o relacionamento com o empregado é muito diferente. É mais temporal. As empresas e os indivíduos se unem por certo período em função de interesses mútuos, mas o empregado não estabelece um compromisso de longo prazo com a empresa e a empresa tampouco o faz com o empregado, não da maneira como era feito antigamente. Isso significa que as redes de relacionamentos para indivíduos são muito mais importantes do que costumavam ser.

E, francamente, elas são importantes interna e externamente neste momento. Precisaria haver outras maneiras de conectar as pessoas com os papéis que precisam desempenhar. Essa é uma das razões por que as empresas precisam criar suas próprias redes de relacionamentos. Os indivíduos necessitam de redes pessoais e profissionais, a fim de estabelecerem conexões úteis. Por causa de tudo isso, acho que as redes de relacionamento e a prática do *networking* serão cada vez mais importantes."

Rob Cross, professor associado do Departamento de Administração, da Escola de Comércio da Universidade da Virgínia, autor da obra *The hidden power of social networks*

"Meu trabalho tem mais a ver com os relacionamentos cara a cara entre profissionais e corporações. Portanto, não posso falar para os *Friendsters* ou os *LinkedIns* a respeito de uma ampla tecnologia de redes de relacionamentos. Mas o que promete muito neste aspecto é o sistema de redes de relacionamentos que estão em alta em empresas como a *Microsoft*, porque torna visíveis seus relacionamentos.

Eu acho que entre os entraves básicos que sistemas como o *Friendster* e o *LinkedIn* vão enfrentar é o tempo – ou seja, a disponibilidade das pessoas e de suas habilidades em responder aos contatos. Chegar até mim e descobrir quem sou eu é fácil. Mas isto não significa que vou ajudar as pessoas a se conectarem comigo. Acredito que o desafio da disponibilidade não vai ser superado com mais tecnologia.

Segundo, eu espero ver os sistemas de redes moverem-se para algo ainda mais individual, algo como os perfis das redes pessoais. O que provavelmente as pessoas vão precisar no futuro é de algum tipo de habilidade para visualizar como e onde elas estão gastando seu tempo disponível para relacionamentos – e de que maneira poderiam otimizar sua conectividade. Como eu disse antes, quando as colaborações tornarem-se mais centralizadas, visualizar ou analisar a rede de uma pessoa poderá ajudar a economizar tempo, para que possa ser investido de forma mais produtiva."

Marshall Goldsmith, treinador executivo e autor de *What you got here won't get you there*

"Eu acho que as redes vão se tornar cada vez mais importantes porque à medida que você olhar para frente – e aqui volto a citar Peter Drucker – 'o líder do passado sabia como contar; o líder do futuro sabe como perguntar'. Cada vez mais, ao se administrar trabalhadores do conhecimento, você não estará administrando idiotas. Mas, sim, pessoas muito inteligentes. O que será preciso fazer é construir relacionamentos com essas pessoas. Você não as trata como subordinados, mas como colegas. Então acho que a distinção entre 'sou seu chefe' e 'sou seu par' começará a ficar desfocada. Cada vez mais e mais pessoas estão focando-se em parceiras que lhes permitem ajudar uns aos outros."

John Zapolski, Sócio, do Management Innovation Group

"Acredito que as inovações da tecnologia vão continuar a impactar as redes de relacionamentos tanto na esfera social quanto profissional. Acredito que muitas dessas tecnologias de redes sociais vão se adaptar para a comunidade de negócios. Especialmente à medida que as novas gerações entrarem no mercado de trabalho: as empresas serão então forçadas a integrar essas tecnologias no tecido de suas operações.

Sem dúvida, o futuro será muito mais das redes, muito mais facilitado pela tecnologia, muito mais levado pelas interações de menor escala e muito mais organizado por redes de relacionamentos informais. Portanto, em outras palavras, restarão poucas empresas de negócios profissionais que continuarão a ter conferências e reuniões anuais como as que ainda se realizam. A colaboração virá através de *wikis* e outras formas de comunicação *online*.

Novos módulos de tecnologia que sequer foram inventados darão continuidade à tendência de as pessoas se beneficiarem com o conhecimento ou o benefício de se trabalhar e obter quase tudo via *online*. Ao mesmo tempo, não acredito que os relacionamentos cara a cara irão diminuir. Eu acho que redes de relacionamento reais continuarão a ser muito importantes, basta pensar na interação que existe quando duas pessoas estão presentes numa mesma sala, algo que não é possível via tecnologia. Mas eu acho que as conexões tecnológicas – as conexões que você constrói e mantém à distância através da tecnologia – serão utilizadas para justamente facilitar os encontros cara a cara."

Jim Kouzes, co-autor de *The leadership challenge*

"Se minha própria experiência e pesquisa pessoal são indicativos, o que veremos é o uso mais abrangente tanto das redes inter-pessoais, cara a cara, quanto daquelas facilitadas pela tecnologia. E vamos vê-las se expandirem para além das fronteiras de nosso escritório e de nossas indústrias ou mesmo de nosso país, a fim de alcançarem redes verdadeiramente globais. Seremos capazes de verdadeiramente conversar com as pessoas em outros países.

Vou lhe contar outra história a respeito dos seis graus de separação que ilumina a idéia de como estamos todos conectados. Quando eu estava no segundo ano da faculdade, em 1961, nós recebemos um estudante de intercâmbio que vinha do sul dos Estados Unidos para morar conosco. Nós o tratamos como um membro da família. Em 1989, 30 anos mais tarde, Otto Vockary, que viveu em nossa casa entre 1961 e 1962, traduziu o *The leadership challenge* para o finlandês.

É o tipo de conexão global que, uma vez que você a faz, e se é do tipo que constrói e se desenvolve ao longo do tempo, você vai ver, de maneiras estranhas e pouco usuais, reaparecerem em seu caminho. Pode levar 30 anos. Por isso, acredito que seja muito importante prestarmos bastante atenção às redes de relacionamentos. Não é apenas mais uma moda passageira. É um fato.

Outra coisa que eu acredito que deva ocorrer é que, à medida que o *MyS-*

pace, o *YouTube* e outras redes eletrônicas amadurecerem, as pessoas vão perceber suas limitações. Elas vão se dar conta de que não substituem as coisas reais. Existe uma diferença entre a conexão de carne e osso com alguém e aquilo que você pode estabelecer eletronicamente. As pessoas vão perceber que são relacionamentos que você não pode fazer apenas e sempre virtualmente.

Em termos de liderança, por exemplo, nós sabemos, por nossa pesquisa, que o supervisor mais imediato de alguém é o administrador mais importante de uma organização. Não é o CEO. Não é nem mesmo o gerente de seu gerente. É seu supervisor imediato. Portanto, globalmente, as redes de relacionamentos continuarão a ser úteis em termos de coordenação, colaboração, compartilhamento de informação e de idéias, até mesmo para o desenvolvimento de inovações, mas só sofrerão limitações quando o assunto for gerenciamento ou administração.

Acredito que deveríamos encontrar uma maneira de utilizar o contato mais direto que temos para a alimentação e a administração do dia-a-dia de uma empresa. Essa liderança para além das distâncias, se quiser, terá de mudar, ligar-se mais ao modo de pensar a liderança, à estratégia em si, mas não deverá ser necessariamente operacional."

Comunidade e sociedade

Mudanças rápidas criam estresse no tecido das comunidades e da sociedade em geral, à medida que velhos papéis, estruturas e relacionamentos dão lugar ao novo. Rede de relacionamentos parecem ser uma força poderosa para lidar com mudanças sociais – são uma espécie de "estratégia de sobrevivência" essencial, de acordo com um dos entrevistados.

Tammy Erickson, presidente do The Concours Institute

"Creio que o conceito de redes de relacionamentos vai, de muitas maneiras, fundir-se com o conceito de democracia. Portanto, em outras palavras, à medida que formos mais capazes de interagir com nosso ambiente, não importa qual ambiente – de trabalho ou político –, as vozes individuais se tornarão mais proeminentes porque possuímos os meios eletrônicos para fazer isso. Os relacionamentos irão focar áreas ou lugares onde se procurará causar impacto.

Eu vejo redes de relacionamentos não como 'eu quero conhecer você' ou 'você pode fazer algo por mim', mas algo como 'eu quero me ligar a você e expressar minhas visões ou criar uma espécie de ligação com você a fim de criar um valor'. Este vai ser o conceito por trás das redes de relacionamentos de agora em diante. Isto é muito mais profundo do que qualquer outra concepção.

A importância de se estar conectado vai se tornar muito mais pronunciada para a criação, co-criação, co-influência e para a democracia, muito mais do que simplesmente dar-se bem com alguém ou gostar de bater um papo virtual. É um assunto importantíssimo para se tratar à medida que avançamos rumo ao futuro."

Peter Sims, co-autor de *True north: discover your authentic leadership*

"Vou falar primeiro em termos de macroperspectivas. Se você olhar para a pesquisa sobre comunidades e redes de relacionamentos existentes nos Estados Unidos, é claro que esses tipos de conexão minguarão ao longo do tempo. Alguém precisa perguntar: 'Qual a resposta para isso? Como as pessoas, dentro de suas comunidades, ou dentro de suas empresas ou companhias, respondem à necessidade de estar relacionadas aos outros?' Porque é muito clara a necessidade dos seres humanos de estarem associados com outras pessoas.

Acredito que você possa ter uma resposta para essa dicotomia em termos do movimento evangélico deste país, onde gente como Rick Warren construiu igrejas dentro de igrejas (grupos de seis pessoas dentro de uma grande igreja), para dar às pessoas a chance de possuir conexões íntimas e ligações com outros. E isso tem sido um mecanismo de enorme sucesso para conduzir o crescimento do culto evangélico.

Malcolm Gladwell escreveu sobre isso e acho que as mesmas necessidades que as igrejas evangélicas têm se aplicam àqueles que trabalham em empresas. Por exemplo: eu já ouvi a respeito de empresas que oferecem serviços – serviços de consultoria para corporações – para facilitar grupos de seis a oito pessoas a discutir abertamente a respeito do que é importante para elas, objetivando melhores dinâmicas. Acho que essa tendência vai continuar, mesmo que haja tensão no mundo corporativo entre ter conversas francas e abertas. Arrisco-me a dizer: conversas íntimas dentro de uma empresa é o se precisa para se criar uma equipe produtiva.

Eu falo em termos de dinâmica pessoal porque não acredito, mesmo com tudo o que foi escrito e dito sobre as ferramentas da tecnologia, que as interações virtuais possam suplantar completamente as interações pessoais. Precisa ser uma combinação das duas abordagens. As empresas vão ter de encontrar maneiras de deixar as pessoas se comunicarem mais facilmente, mas também vão precisar dar um passo adiante para achar modos de permitir às pessoas ter interações mais próximas, sempre visando seu próprio desenvolvimento e a adequação aos objetivos da empresa."

John Foster, chefe de gerenciamento em talentos e desenvolvimento empresarial na IDEO

"Vou voltar a Alvin Toffler, em *O choque do futuro,* e dizer que estamos apenas vivendo aquilo que ele disse que aconteceria. As três coisas que tiro de lá são: aprender para aprender, aprender para escolher e aprender para relacionar. Essas são as três competências necessárias para ser bem-sucedido no futuro. Acredito que o futuro é agora, e só é preciso colocar em prática esses três componentes.

Robert Wright, em seu livro *Nonzero*, diz que o destino dos seres humanos é se tornar mais complexo, que é nossa predisposição genética criar a complexidade. Acho que as redes de relacionamentos estão ganhando mais e mais importância como modo de navegar num mundo incrivelmente complexo. *The world is flat* (de Thomas Friedman) é outro livro muito bom que caracteriza um futuro com poucas barreiras e limites artificiais, o que facilita as oportunidades de se conectar. Os relacionamentos, então, tornam-se muito mais relevantes. Tornam-se estratégicos para a sobrevivência."

Tecnologia e internet

A nova tecnologia está trazendo acesso instantâneo às informações, às idéias e às pessoas. O consenso é que tecnologia vai apenas acelerar nossa habilidade de nos relacionarmos.

Barbara Howes, vice-presidente da Disney University, The Walt Disney Company

"Redes de relacionamentos virtuais finalmente possuem as ferramentas certas nas mãos Você quase não tem mais desculpa para não se relacionar. Você pode ter um *blog*, interagir em uma sala de bate-papo, conectar-se via *e-mail* com qualquer pessoa, em qualquer lugar, a qualquer hora. Aqui na Disney, estamos procurando maneiras de propiciar redes com as tecnologias certas, os fundos monetários certos, mas também o apoio certo. Existe uma tremenda colaboração que pode vir de uma rede de relacionamentos. Elas são o lugar onde aprendemos quais serão nossas próximas linhas de negócios."

Tony DiRomualdo, fundador da Next Generation Workplace

"Os relacionamentos estão se tornando mais fáceis por causa da tecnologia. É muito mais tranqüilo estar em contato com as pessoas, ou alcançá-las por causa dessas variadas capacidades de interação. Por exemplo: na internet, coisas como o *Linkedln* permitem a você compartilhar sua informação de contato com a rede de outra pessoa. Então, as redes de relacionamentos estão, na verdade, tornando-se explícitas, e existem mais maneiras explícitas para ser apresentado e estar plugado dentro dessas redes.

Quando olhamos as pessoas com *blogs* e/ou perfis no *MySpace* – sejam seus pensamentos, trabalho, comentários sobre coisas que são interessantes a elas –, é muito fácil para aqueles que estão procurando por pares iguais se conectarem e estabelecerem relacionamentos. Acho que essa capacidade vai continuar a crescer. É impressionante quando olhamos para algo como o *MySpace* ou o *Facebook*; ver que eles começaram do zero e chegaram aos dez milhões de usuários em menos de dois anos.

Acho que as redes de relacionamentos estão se tornando muito mais importantes nos negócios de hoje. Os negócios estão tão dinâmicos, tão voláteis e as carreiras se tornaram tão dinâmicas que as pessoas de fato têm de confiar mais na construção e na conectividade das redes, cada vez mais sólidas e profundas, repletas de pessoas com as quais possam trabalhar, tê-las como fonte de informação e de conhecimento. Acho que teremos mais negócios virtuais, com ênfase em colaborações e parcerias.

O desafio é estar habilitado a se relacionar, algo que não se ensina. Não é como fazer um curso sobre relacionamentos. Algumas pessoas possuem habilidade natural para relacionamentos. Mas acredito que ter um guia pragmático para auxiliar as pessoas a pensarem como podem se tornar mais eficazes é algo crítico para qualquer um, não importa de qual geração."

Teddy Zmrhal, sócio da Congruity

"Acho que vamos ter muito mais visualização – a habilidade para visualizar reflexos e ter *feedbacks*. *Sites* como o *Digg*, e mesmo o *Spoke*, possuem essa habilidade para olhar o modo como você se conecta com as pessoas. Mas ainda estão engatinhando. Ter um *feedback* a respeito de como muitas pessoas com quem você interage e com que freqüência, com poucos lembretes – isso seria muito útil.

Eu fiz um ajuste em meu Outlook para me lembrar os aniversários das pessoas de minha rede. Assim, elas aparecem ali ao menos uma vez por ano. Para aqueles com quem não falo há alguns meses, eu digo: 'Ei, feliz aniversário. O que anda rolando?' Também acho que mais gente despertará para o que significa estar numa rede de relacionamentos e como elas realmente funcionam."

Patricia Franklin, chefe de escritório de ciências da Vistage International, Inc.

"O *Linkedln* nos demonstrou que as redes de relacionamentos podem acontecer mesmo com pessoas estranhas. Se você conversa com qualquer jogador experiente ao jogar um jogo espetacular *online*, um gênero com o qual sou familiarizada (e isto está vivo por aí há várias décadas), pode facilmente se conectar com as pessoas agora, eletronicamente, de uma maneira muito significativa. Eu tive experiências impressionantes sobre o *Linkedln* ao ser capaz de entrar em contato com as pessoas dentro de empresas que, de outra forma, provavelmente nem mesmo atenderiam o telefone. Eu de fato vejo o *Linkedln* se fundindo com coisas como o *Second Life*."

O toque pessoal

A internet é uma ferramenta maravilhosa – mas ela vai substituir o contato pessoal? Nossa necessidade de contato íntimo com os outros não vai desaparecer. A tecnologia pode até mesmo produzir conexões mais pessoais, cara a cara, mais importantes do que nunca, de acordo com muitas pessoas com as quais eu conversei.

Bill Morin, especialista em remanejamento de carreira, autor e fundador-presidente da Draker Beam Morin, Inc.

"Acho que vai haver um retorno ao elemento humano. Hoje em dia, estamos tão conectados *online*, também através da televisão e da mídia de massa, que nos sentimos quase esmagados nesse sentido. Ansiamos pelo contato humano. Quem de nós não quer ter um ser humano para nos ouvir? Mesmo que estejamos tentando fazer isso através da mídia de massa.

Acho que sempre será verdadeiro o nosso desejo por contatos pessoais e profissionais, algo que vai se tornar ainda mais crítico no futuro. Em quase todos os casos, os primeiros cinco minutos de conversa precisam ser gastos em tentar construir uma conexão entre você e seu contato. 'De onde você é? Onde trabalhou? Quem conhece lá?' Acho que isso é um indicativo do quão importante as redes de relacionamentos são, porque estamos tentando descobrir 'onde diabos nos enquadramos no meio da rede dessa pessoa? Podemos entrar?' Nestes primeiros cinco minutos de conversa, você está tomando decisões. Você confia na pessoa? Você a respeita? Acha que ela pode ter qualquer impacto possível em sua carreira e vida? Você a acha inteligente? Algumas decisões importantes são feitas de forma muito rápida."

Al Samuels, famoso comediante e estrela do *sitcom* da NBC Sports Action Team

"Eu acredito que minha rede vai alcançar o mundo inteiro. Mas, ironicamente, sentirei-me menos conectado, a não ser que seja cuidadoso o bastante para me manter ligado ao meu vizinho, meu melhor amigo do colegial e às pessoas com quem gosto de sair numa sexta-feira à noite. Porque agora é muito mais fácil, facílimo, conversar com alguém na Índia no *MySpace*, via *e-mail*, do que descer na rua e conversar com um amigo de vinte anos. Os relacionamentos vão ficar mais globais, mas acho que, ao mesmo tempo, as pessoas sentirão a necessidade de continuar com as interações humanas, que não acontecem só via *e-mail*, celular ou *MSN*."

Richard Leider, Treinador Executivo e autor de *Repacking your bags* e de *Claiming your place at the fire: living the second half of your life on purpose*

"O que observo é que muitos líderes e administradores confundem a tecnologia '24 por 7' – este mundo *high tech* – com comunicações via contato real com as pessoas. Há um artigo brilhante de Edwin Hallowell no *Harvard Business Review*. O título era 'O momento humano no trabalho'. Eu acredito que o que está faltando junto à velocidade, à tecnologia e à globalização é este momento humano.

Muitas vezes confundimos tecnologias – como *conference calls*, reuniões onde não estamos presentes – com comunicação real ou rede de relacionamentos reais. Então, eu acho que com toda essa tecnologia, especulo que vai haver mais encontros, não menos. E esses encontros vão precisar ser incrivelmente *high techs*. Não apenas no bar, ou nos corredores, ou em jantares ou almoços. Vamos precisar realmente dividir histórias e nos conhecermos culturalmente, e nos relacionarmos uns com os outros de forma mais aprofundada, de maneira que culturas organizacionais sobrevivam de forma saudável. Por isso, acredito que haverá mais encontros, mais reuniões, não menos, mas baseadas na tecnologia. Acredito que, uma vez em que eu entrar num *site*, tudo o que terei de fazer é sair do caminho, porque todo mundo estará desesperado para falar um com o outro."

Minha aposta sobre o futuro

Como você pode ver, existe um acordo geral sobre o futuro das redes de relacionamentos. Teremos ferramentas tecnológicas mais importantes e melhores. (Mas, mesmo com toda essa maravilha, relacionamentos precisam de tempo para serem planejados, executados e construídos em sua vida diária). Redes de relacionamentos vão continuar a ser parte importante da vida organizacional. Vamos ter retornos e nova ênfase no elemento humano em se tratando de relacionamentos. As gerações mais novas são e serão muito melhores em se relacionar do que a velha guarda foi (ou será). Agora, é hora de eu fazer minhas próprias previsões.

AS DEZ MAIS, MINHAS PREVISÕES

1. Será muito mais fácil construir, manter e administrar nossas redes. Novas ferramentas e capacidades vão surgir e irão melhorar a eficiência e efetividade de nossos relacionamentos. Veremos "agentes de redes de relacionamentos" (como *Visible Path*) explorando nossos *e-mails*, chamadas telefônicas e documentos e automaticamente nos ajudando a realizar conexões. Veremos sistemas que vão nos inspirar, dizendo, por exemplo, que é hora de nos relacionarmos com tal e tal pessoa porque não estamos em contato há seis meses. Seremos capazes de desenhar e visualizar nossas redes para melhor compreender nossas forças e fraquezas.

2. As redes de relacionamentos vão se expandir globalmente. Programas de tradução automáticos vão nos auxiliar na capacitação dessa expansão.

3. Seremos capazes de ter conectividades visuais muito melhores com nossos membros de rede. Vamos sentir como se estivéssemos cara a cara, embora não estaremos. Não estou falando a respeito de redes de realidade virtual, mas, no mínimo, enviaremos uns aos outros vídeos pessoais e não apenas textos de *e-mail.*

4. Iremos influenciar o Global Positioning System (GPS) para conectarmo-nos às pessoas que estão fisicamente próximas a nós. O Laboratório de Mídia do Massassuchets Institute of Technology, o MIT, já criou um sistema que pode enviar mensagem de texto quando alguém que seria bom encontrar (via um perfil de banco de dados) estiver por perto (você e essa pessoa são rastreados pelo GPS). Imagine a situação em que aquela pessoa que você precisa muito encontrar está no mesmo aeroporto onde você justamente espera por seu vôo. Você pode então encontrá-la e tomarem juntos um drinque enquanto conversam.

5. Vamos começar a ver os negócios não como provedores de *mail-list*, mas como provedores de redes de relacionamentos (PRR).

6. Essas empresas vão se especializar em criar conexões entre as pessoas em larga escala. Elas não vão simplesmente saber o nome, a posição e o endereço de alguém, mas terão centenas de informações que podem ser usadas para conectar as pessoas umas às outras. Os PRR farão o "serviço de um zelador de redes de relacionamentos", como se compreendesse profundamente suas necessidades e lhe ajudasse a encontrar as pessoas certas. Os PRR também vão lhe manter informado sobre as pessoas dentro de sua rede (como um serviço de notícias), e lhe auxiliar a manter essa rede.

7. As redes de relacionamentos vão conectar gurus (pessoas dotada de algum tipo de sabedoria) aos seguidores praticantes. Estes irão formar redes ou comunidades para discutir a sabedoria e o conhecimento dos gurus e aplicá-los de maneira prática a suas próprias vidas ou num contexto de trabalho. As lições aprendidas serão compartilhadas entre os membros das redes (e entre os próprios gurus).

8. Uma metalinguagem de rede ou um conjunto de padrões irão emergir para que toda a nossa aparelhagem e *softwares* de relacionamentos sejam inter-operáveis.

9. Enquanto todas as ferramentas e as redes de relacionamentos baseadas em tecnologia produzirem benefícios, em paralelo veremos o retorno a uma rede pessoal cara a cara, ou conexões sincronizadas porque certos tipos de conexões só poderão ser estabelecidas pessoalmente.

10. Um candidato a presidência dos Estados Unidos será eleito baseado em sua habilidade de influenciar o "Efeito *Networking*".

11. *Networking - saiba como construir as melhores redes de relacionamento pessoal e profissional* vai se tornar um *best-seller* internacional, seu autor vai aparecer no programa da Oprah, e no *Today*, um filme será produzido e o autor vai se aposentar nas ilhas do Caribe para estabelecer conexões com os peixes (brincadeirinha!).

Coloque o "Efeito *Networking*" para trabalhar por você

O poder da rede de relacionamentos, o que eu chamei de "Efeito *Networking*" é inegável. Através da história, relacionamentos mudaram o mundo. O que era a linha da ferrovia senão uma rede de pessoas que ajudou a libertar milhares de escravos durante a Guerra Civil? Durante a Segunda Guerra Mundial, redes de relacionamentos de resistência na França combateram os nazistas. Dois mil anos atrás, o Cristianismo foi espalhado por todo o mundo romano por uma rede de profetas – que profundamente mudaram o curso da história. Se você quer mudar o mundo, ou apenas sua vida, você pode fazê-lo com uma rede de relacionamentos. Espero que este livro tenha lhe fornecido informações necessárias para transformar sua vida pessoal e profissional.

Sugiro-lhe que acesse novamente seu QC alguns meses depois de ler este livro, depois que você tenha colocado em prática algumas das lições que aprendeu aqui. Eu reproduzi o questionário do capítulo 1 abaixo. Se você praticar o que aprendeu neste livro, seu QC deve aumentar consideravelmente. Você está a caminho da "Zona de Conexão", onde todas as coisas são possíveis porque você conhece as pessoas certas e saberá fazer as coisas acontecerem.

E, de novo, eu o convido a me encontrar virtualmente em meu *site*, no endereço www.theconnecteffect.com, para me manter informado a respeito de seus últimos resultados.

Dois componentes entrarão em seu QC: a parte A é sobre o escopo e a força de sua rede de relacionamentos existente, e a parte B direciona-se à atividade que você usa para construir e manter sua rede. Com esses componentes em mente, avalie seu QC ao responder honestamente as questões a seguir, numa escala de 0 a 4.

Determinando seu QC

Parte A: a força e o escopo de sua rede

1. Quantas pessoas existem em sua rede pessoal, profissional e virtual? Coloque-as todas juntas.

   0 = menos de 10
   1 = 11-100
   2 = 101-200
   3 = 201-400
   4 = mais de 400

2. Quão fortes são suas relações com as pessoas em sua rede? As pessoas em sua rede de relacionamentos são apenas *trocadores de cartões pessoais* (você trocou cartões, mas dificilmente se lembra onde e quando), *conhecidos* (elas sabem quem você é e provavelmente vão retornar uma ligação), *contatos pessoais* (elas farão um favor se você pedir) ou *amigos próximos* (você pode contar com eles quando realmente precisa)?

0 = todos de negócios
1 = maioria de conhecidos
2 = muitos contatos pessoais
3 = uma mistura de contatos pessoais e amigos próximos
4 = maioria de amigos próximos com poucos contatos pessoais

3. Quão diversa é sua rede? Se todo mundo que você conhece é da mesma idade e do mesmo sexo que você, divide seus conhecimentos culturais e trabalha na mesma área, sua rede não é de maneira alguma diversa. Por outro lado, se sua rede varia de pessoas de oito a oitenta anos, de ambos os sexos, com uma variedade cultural muito grande e com diferentes tipos de atuação, você possui uma rede de relações bastante diversa.

0 = olhar para minha rede é como olhar no espelho
1 = minha rede inclui mais pessoas como eu, mas há certa diversidade
2 = minha rede possui uma boa de diversidade
3 = minha rede inclui pessoas de áreas e conhecimentos variados
4 = minha rede inclui muitas pessoas das mais variadas áreas e conhecimentos, interesses e campos diversos

4. Qual a qualidade dos contatos de sua rede de relações? As pessoas em sua rede têm experiência com realizações significativas? Elas próprias possuem redes fortes de relacionamento? São conhecidas dentro de uma esfera profissional? Podem abrir portas para você?

0 = gosto delas, mas não são pessoas ágeis ou agitadores de alguma forma
1 = algumas poucas pessoas possuem conexões
2 = algumas pessoas em minha rede de fato comandam
3 = muitas pessoas em minha rede estão no topo de suas áreas e são muito bem conectadas
4 = posso contatar qualquer pessoa no planeta Terra através da minha rede de relacionamentos

Parte B: atividades das redes de relacionamentos

5. Até que ponto você trabalha ativamente para construir sua rede de relacionamentos? Você dá continuidade após um primeiro contato? Você se conecta periodicamente com as pessoas? Você prontamente retorna ligações telefônicas e responde *e-mails*? Você procura se encontrar com elas pessoalmente com certa regularidade?

0 = não tenho tempo para tudo isso
1 = tento fazer contato se tenho tempo
2 = tento entrar em contato, mas às vezes o perco
3 = eu administro meu tempo para fazer contato com as pessoas
4 = faço do contato diário com as pessoas uma prioridade

6. Com que freqüência você recruta novos membros para sua rede de relacionamentos?

0 = nunca
1 = raramente
2 = algumas vezes
3 = freqüentemente
4 = todas as vezes

7. Com que freqüência você ajuda os outros em sua rede de relacionamentos (sendo solicitado ou não)?

0 = nunca
1 = raramente
2 = algumas vezes
3 = freqüentemente
4 = todas as vezes

8. Até que ponto você usa a internet para construir e manter relações?

0 = nunca
1 = raramente
2 = algumas vezes
3 = freqüentemente
4 = todas as vezes

Some sua pontuação e multiplique o total por 5. Você vai encontrar um QC entre 0 e 160. O quadro seguinte interpreta sua pontuação:

0-80	**Abaixo da Média** Rede de relações não está em sua tela de radar *Você precisa ser muito mais ativo ao estabelecer e manter suas relações.*
81-110	**Na Média** Nada do que se vangloriar *Você pode se beneficiar ser muito mais ativo.*
111-140	**Acima da Média** Um conector natural *Você está indo bem, mas um esforço mais sistemático pode ajudar muito.*
141 160	**Gênio das Relações!** *Você sabe que não é necessário esforço nenhum para manter sua rede de relações.*

RECURSO A

Escolhendo seu conselho

Como escolher um "Conselho Sonoro"

Por Richard Leider

(www.inventuregroup.com)

É essencial conhecer a si mesmo. Uma vez que passou pelo processo de autoconhecimento, você está pronto para escolher as pessoas certas para fazer parte de seu "Conselho Sonoro", ou seja, contatos que estarão sempre prontos a lhe ouvir, falar e orientar. Quem você quer em seu conselho e por que os quer? Tão importante quanto saber o que você espera dessas pessoas é saber o que tem para oferecer a elas.

Por que você os quer?

Nós presumimos que você deseja um "Conselho Sonoro" composto de membros que detenham algum tipo de inteligência. Em outras palavras, procura por pessoas que compreendem a importância de considerar os chamados da vida e de viver e trabalhar por um propósito.

Identificar seu propósito é o primeiro passo. Ao responder a pergunta "quem é você?", é comum surgirem outras indagações, como:

- Como é viver e trabalhar por um propósito?
- Como é o sucesso neste estágio da vida?
- Como você vislumbra o futuro e como pretende chegar lá?
- Como você se mantém firme para os objetivos que quer alcançar?

Essas são algumas das perguntas que seu "Conselho Sonoro" pode lhe ajudar a responder.

Selecionando seu "Conselho Sonoro"

Seu "Conselho Sonoro" é formado por indivíduos confiáveis que escutam bem e oferecem a você conversações encorajadoras. Eles podem ter apenas uma coisa em comum – você! –, mas todos eles seguem os critérios abaixo:

Eles estão interessados (*versus* interessantes)
Eles estão genuinamente interessados em você e querem vê-lo bem-sucedido.

Eles se importam (*versus* curam)
Eles não estão interessados em lhe "curar", mas se importam com você do jeito que você é.

Eles lhe escutam atenciosamente
Eles estão interessados em lhe escutar e não estão preocupados. Podem se distrair quando estão com você.

Eles fazem ótimas perguntas
Eles não procuram lhe dizer o que você precisa, mas fazem perguntas para ajudá-lo a descobrir as respostas por você mesmo.

Eles praticam conversações corajosas
Eles são honestos com você e lhe dizem sempre a verdade.

Seu "Conselho Sonoro" pode incluir seu marido/esposa, membros familiares, colegas, amigos, treinadores, professores, conselheiros espirituais e pessoas mais velhas. Se você fosse formar seu conselho para discutir um grande desafio de vida/trabalho ou sua direção futura, quem estaria sentado ao redor da mesa com você? Se você não se refere a um conselho, considere um círculo, um acampamento junto ao fogo ou simplesmente uma mesa num café.

Meu "Conselho Sonoro"

Para começar a selecionar membros de seu conselho, liste abaixo as pessoas para quem você telefona quando precisa de alguém para lhe escutar, lhe orientar, para lhe dizer a verdade.

1. Amigos ou parentes que eu posso ligar ou visitar quando preciso fazer uma escolha;

2. Mentores ou guias que podem servir como "conselheiros sonoros" para minhas escolhas e ações;

3. Amigos e fontes profissionais que estão disponíveis para mim como parte de um "Conselho Sonoro" (exemplo: colegas, conselheiros financeiros);

4. Conselheiros espirituais e de comunidades (líderes comunitários, por exemplo) que podem me dar apoio nas horas difíceis;

5. Pessoas mais velhas e professores que me ajudam a enxergar o problema.

O *check-list* da seleção de seu "Conselho Sonoro"

É hora de selecionar seu conselho: eleger três ou quatro indivíduos que vão constituí-lo por um ano. As questões seguintes são propostas para você se perguntar sobre um membro em potencial. Quanto mais informação você possuir a respeito dessa pessoa, sobre as atitudes dele ou dela, sua filosofia, esperanças e valores, mais sinceramente vocês poderão trabalhar. Quanto mais variadas as maneiras como você irá se conectar a um membro do conselho, mais você confiará nessa pessoa.

As cinco perguntas a seguir não constituem um teste que alguém pode passar ou falhar, mas vão lhe ajudar a perceber quais são os critérios-chave para os membros de um conselho eficaz.

- *Qual é a **qualidade** mais importante que essa pessoa adicionou à sua vida?*

- *Se você enfrentasse um **desafio** sério, como acha que essa pessoa reagiria?*

- *Você consegue se lembrar de algum momento em que essa pessoa lhe **escutou atentamente**?*

- *Essa pessoa se parece com você? Você consegue se lembrar de um livro que ambos gostaram de ler?*

- *Você consegue lembrar de um dia em que teve uma* ***conversa séria*** *(dizendo a verdade nua e crua) com essa pessoa?*

Outros membros de um "Conselho Sonoro"

Quando criar seu "Conselho Sonoro", não tenha medo de fazer uma seleção não-convencional. Escolha seu autor favorito, uma figura histórica ou bíblica, alguém que você conheceu e que já faleceu ou um personagem fictício de um livro ou um filme. Imagine o que essas pessoas lhe diriam se você pudesse conversar com elas. Considere o que sabe a respeito delas e aplique esse conhecimento à sua situação.

Sarah é uma profissional na indústria de seguros. Cedo em sua carreira, Sarah confiou em um mentor para ajudá-la quando ela se viu diante de desafios profissionais e pessoais. Embora esse mentor tenha falecido alguns anos atrás, Sarah ainda o "consulta" quando enfrenta decisões e desafios difíceis. Ela imagina como o mentor teria respondido se pudessem conversar e ela toma o conselho como certo.

Check-list de seleção do quadro de som

Para ajudá-lo a encurtar seu quadro de três a cinco membros, dê um tique ao lado do nome de cada pessoa que segue o critério sugerido em cada uma das cinco questões de seleção de quadro.

Nomes de membros do quadro em potencial	*1. Adiciona qualidade*	*2. Responde a desafios*	*3. Escuta atentamente*	*4. Reflete*	*5. Segura conversa-ções corajosas*
Amigos ou parentes ► ______ ► ______ ► ______					
Mentores e guias ► ______ ► ______ ► ______					

Amigos ou fontes profissionais ► ________ ► ________ ► ________					
Grupos espirituais ou comunidades ► ________ ► ________ ► ________					
Pessoas mais velhas e professores ► ________ ► ________ ► ________					

RECURSO B

Sites para *networking* online

Novos *sites* para o exercício do *networking* nascem todos os dias. Em vez de criar uma lista no papel, que prontamente ficará desatualizada, vou listar algumas páginas de internet que você pode checar *online*, a fim de encontrar oportunidades para se relacionar.

Você pode checar meu próprio *site*, que é atualizado regularmente com novos *links* de redes de relacionamentos: www.theconnecteffect.com.

Uma mistura eclética de comunidades *online*, salas de bate-papo e quadros de mensagens pode ser encontrada no seguinte *site*:

- http://dmoz.org/Computers/Internet/Cyberspace/Online_Communities

Os *sites* abaixo fornecem listas de *sites* de relacionamentos sociais:

- www.rateitall.com/t-1900-social-networking-web-sites.aspx
- www.rev2.org/2006/07/11/33-places-to-hangout-in-the-social-networking-era/

A Wikipédia fornece larga lista de sites de redes sociais:

- http://en.wikipedia.org/wiki/List_of_social_networking_websites

Se você gosta de ação social – meio-ambiente, assuntos de mulheres, direitos humanos, ativismo animal etc.–, dê uma olhada nestes *sites*:

- www.care2.com
- www.change.org

Sites de redes voltadas a negócios profissionais incluem os seguintes:

- www.fastpitchnetworking.com/
- www.linkedin.com
- www.tribe.net
- www.ryze.com

Essas são apenas algumas idéias para você começar. Você também pode procurar por *social networks* (redes de relacionamentos sociais), *business networks* (redes de relacionamentos profissionais) e termos semelhantes em seu *site* favorito de busca.

AGRADECIMENTOS

Em primeiro lugar, gostaria de agradecer à minha mulher, Teresa, e a meu filho, Theo, por me apoiarem enquanto escrevia este livro. Vocês são minha fonte de felicidade, e os eu amo do fundo do meu coração. Depois, quero de agradecer a toda a equipe da Berrett-Koehler. Publicar com vocês é uma alegria, portanto obrigado pela atenção e o carinho que todos depositaram neste trabalho. Um agradecimento especial vai para Johanna Vondeling, por acreditar neste livro desde o início e supervisioná-lo do começo ao fim. Também gostaria de agradecer a Jeevan Sivasubramaniam, por fazer do processo de publicação uma grande diversão (tanto quanto entendemos o que seja diversão!).

Obrigado a todas as pessoas as quais entrevistei e àquelas que contribuíram para este livro. Suas informações, experiências e conhecimentos fizeram dele realidade. São elas: Etienne Wenger, Marshall Goldsmith, Richard Leider, Bill Morin, Teddy Zmrhal, Nisha Advani, Rick Smith, Peter Sims, Patricia Franklin, Lynda Gratton, Jim Kouzes, Vince Perro, Jeff Rosenthal, Tammy Erickson, Jory Des Jardins, Jack Dulworth, Rob Cross, Scott Saslow, Dan Morrison, Kristen Kemerling, John Zapolski, Scott Hirsch, Steve Graubart, Michael Drapkin, JoAnne Black, Tony DiRomualdo, Barbara Howes, Al Samuels, John Foster, Anthony Brydon, Kathleen Bruno e Harvey Singh.

Eu gostaria de agradecer a toda a equipe (fixos e *freelancers*) da Executive Networks, meu quadro de diretores e nossos clientes maravilhosos. Muito do que eu sei sobre *networking* e redes de relacionamentos eu aprendi com vocês. Meus *fantásticos* estagiários do verão de 2006, Alexander Neagoe, da Universidade de Michigan, e Joel Curado Silverinha, da Universidade de Portugal, merecem muito crédito por terem me ajudado na pesquisa deste livro, especialmente em relação às redes de relacionamentos virtuais e sociais. Uma de minhas melhores amigas, Lisa Gesner, é uma editora maravilhosa, que me auxiliou em meu texto, de maneira a se tornar mais gostoso de ler do que na primeira versão. Sam Case me ajudou a reescrever e reorganizar o segundo rascunho e gostaria de agradecê-lo por sua assistência.

Gostaria de enviar meu "muito obrigado" para Alan Shrader. Alan, escritor e editor extraordinário, tornou-se meu co-autor. Ele trabalhou incansavelmente a fim de me ajudar a criar a terceira versão do livro, e muito do crédito vai para ele, por fazer desta uma obra agradável e coerente.

E, finalmente, gostaria de mandar um afeiçoado agradecimento a Jim Bolt, que acreditou em mim o bastante, assim como em minha visão, de maneira a me vender a Executive Development Associates, Inc., em 2003, que ele passara os últimos vinte anos construindo, empresa em que deixou sua marca pessoal poderosa e respeitada. Você tem sido o melhor parceiro, o melhor mentor, treinador e amigo que eu poderia imaginar. Você é verdadeiramente um "Obi-Wan Kenobi".

ANOTAÇÕES

ANOTAÇÕES

ANOTAÇÕES

ANOTAÇÕES

Netowrking foi impresso em São Paulo/SP,
pela Auqrius Gráfica, para a Larousse do Brasil em maio de 2008.